享誉的寺院

中华文化风采录
千秋圣殿奇观

陈璞 编著

北方妇女儿童出版社
·长春·

版权所有　侵权必究

图书在版编目(CIP)数据

享誉的寺院 / 陈璞编著. -- 长春 ：北方妇女儿童出版社，2017.5（2022.8重印）

（千秋圣殿奇观）

ISBN 978-7-5585-2008-2

Ⅰ．①享… Ⅱ．①陈… Ⅲ．①佛教－寺庙－介绍－中国 Ⅳ．①B947.2

中国版本图书馆CIP数据核字（2017）第315979号

享誉的寺院
XIANGYU DE SIYUAN

出　版　人	师晓晖
责任编辑	吴　桐
开　　　本	700mm×1000mm　1/16
印　　　张	6
字　　　数	85千字
版　　　次	2017年5月第1版
印　　　次	2022年8月第3次印刷
印　　　刷	永清县晔盛亚胶印有限公司
出　　　版	北方妇女儿童出版社
发　　　行	北方妇女儿童出版社
地　　　址	长春市福祉大路5788号
电　　　话	总编办：0431-81629600
定　　　价	36.00元

序言

习近平总书记说："提高国家文化软实力，要努力展示中华文化独特魅力。在5000多年文明发展进程中，中华民族创造了博大精深的灿烂文化，要使中华民族最基本的文化基因与当代文化相适应、与现代社会相协调，以人们喜闻乐见、具有广泛参与性的方式推广开来，把跨越时空、超越国度、富有永恒魅力、具有当代价值的文化精神弘扬起来，把继承传统优秀文化又弘扬时代精神、立足本国又面向世界的当代中国文化创新成果传播出去。"

为此，党和政府十分重视优秀的先进的文化建设，特别是随着经济的腾飞，提出了中华文化伟大复兴的号召。当然，要实现中华文化伟大复兴，首先要站在传统文化前沿，薪火相传，一脉相承，弘扬和发展5000多年来优秀的、光明的、先进的、科学的、文明的和自豪的文化，融合古今中外一切文化精华，构建具有中国特色的现代民族文化，向世界和未来展示中华民族具有独特魅力的文化风采。

中华文化就是中华民族及其祖先所创造的、为中华民族世世代代所继承发展的、具有鲜明民族特色而内涵博大精深的优良传统文化，历史十分悠久，流传非常广泛，在世界上拥有巨大的影响力，是世界上唯一绵延不绝而从没中断的古老文化，并始终充满了生机与活力。

浩浩历史长河，熊熊文明薪火，中华文化源远流长，滚滚黄河、滔滔长江是最直接的源头，这两大文化浪涛经过千百年冲刷洗礼和不断交流、融合以及沉淀，最终形成了求同存异、兼收并蓄的辉煌灿烂的中华文明。

中华文化曾是东方文化的摇篮，也是推动整个世界始终发展的动力。早在500年前，中华文化催生了欧洲文艺复兴运动和地理大发现。在200年前，中华文化推动了欧洲启蒙运动和现代思想。中国四大发明先后传到西方，对于促进西方工业社会形成和发展曾起到了重要作用。中国文化最具博大性和包容性，所以世界各国都已经掀起中国文化热。

中华文化的力量，已经深深熔铸到我们的生命力、创造力和凝聚力中，是我们民族的基因。中华民族的精神，也已深深根植于绵延数千年的优秀文化传统之中，是我们的精神家园。但是，当我们为中华文化而自豪时，也要正视其在近代衰微的历史。相对于5000年的灿烂文化来说，这仅仅是短暂的低潮，是喷薄前的力量积聚。

中国文化博大精深，是中华各族人民5000多年来创造、传承下来的物质文明和精神文明的总和，其内容包罗万象，浩若星汉，具有很强的文化纵深感，蕴含丰富的宝藏。传承和弘扬优秀民族文化传统，保护民族文化遗产，已经受到社会各界重视。这不但对中华民族复兴大业具有深远意义，而且对人类文化多样性保护也是重要贡献。

特别是我国经过伟大的改革开放，已经开始崛起与复兴。但文化是立国之根，大国崛起最终体现在文化的繁荣发展上。特别是当今我国走大国和平崛起之路的过程，必然也是我国文化实现伟大复兴的过程。随着中国文化的软实力增强，能够有力加快我们融入世界的步伐，推动我们为人类进步做出更大贡献。

为此，在有关部门和专家指导下，我们搜集、整理了大量古今资料和最新研究成果，特别编撰了本套图书。主要包括传统建筑艺术、千秋圣殿奇观、历来古景风采、古老历史遗产、昔日瑰宝工艺、绝美自然风景、丰富民俗文化、美好生活品质、国粹书画魅力、浩瀚经典宝库等，充分显示了中华民族厚重的文化底蕴和强大的民族凝聚力，具有极强的系统性、广博性和规模性。

本套图书全景展现，包罗万象；故事讲述，语言通俗；图文并茂，形象直观；古风古雅，格调温馨，具有很强的可读性、欣赏性和知识性，能够让广大读者全面触摸和感受中国文化的内涵与魅力，增强民族自尊心和文化自豪感，并能很好地继承和弘扬中国文化，创造未来中国特色的先进民族文化，引领中华民族走向伟大复兴，在未来世界的舞台上，在中华复兴的绚丽之梦里，展现出龙飞凤舞的独特魅力。

目录

第一古刹——白马寺

汉明帝梦见神仙飞来　002
二僧清凉台上译经文　006
释迦牟尼钵化齐云佛塔　011
道佛二教焚经台斗法　018
新时期进行的修复和增建　024

禅宗祖庭——少林寺

030　孝文帝为跋陀建寺院
037　禅宗祖师修行达摩洞
042　高僧达摩始创少林功夫
048　福居相邀高手汇集少林拳
051　康熙御题山门金字匾额
054　经过重建的少林寺风采

目 录

江南第一刹——灵隐寺

066　慧理开山创建寺院雏形
070　五代时期成为著名寺庙
075　康熙皇帝改名"云林禅寺"
080　清代宣统年间重修大雄宝殿
087　以中轴线为中心的灵隐全貌

第一古刹 白马寺

白马寺初建于东汉永平十一年（公元68年），这座有着近2000年历史的寺院，在中国佛教史和对外文化交流史上占有极其重要的地位。白马寺是佛教传入我国后，由官方营造的第一座寺院，因此被认为是中国佛教的发源地，被尊誉为中国佛教的"祖庭"和"释源"，享有"中国第一古刹"的美誉。

汉明帝梦见神仙飞来

那是在东汉永平七年，也就是公元64年的一个晚上，汉明帝刘庄睡得很香，他做了一个梦，梦见有一位神仙，金色的身体被光环绕着，轻盈飘荡地从远方飞来，徐徐降落在御殿里，端庄祥和地坐着，好像喃喃自语的样子。

汉明帝醒来感到非常奇怪。第二天，他就召集满朝文武大臣为他

洛阳白马寺山门

■ 洛阳古城南大门

解梦，看看是吉是凶。大臣们你看看我，我瞧瞧你，谁也说不出个所以然。

就在这个时候，掌管朝廷奏章和传达圣旨的太史傅毅上奏说："在周昭王二十四年四月初八，山川震动，江河泛滥，晚上西方的天空现出五色祥光。就在这天晚上，昭王梦见有金人飞着来到了华庭。这应当是一位大圣人在西天诞生了，这位圣人降临人间应该是为了救苦救难。他的信义，将在千年后就会传入我国啊！"

傅毅看皇上专注地听着自己解释，他就继续说："屈指算来，从昭王梦见金人飞来至今将近千年了，陛下梦到的金人，大概就是这位圣人吧！据臣所闻，现在西域有位神人，其名叫'佛'。陛下梦见的必定就是他吧！"

黄道吉日 迷信星命之说，旧时以星象来推算吉凶，称青龙、明堂、金匮、天德、玉堂、司命六个星宿是吉神，六辰值日之时，诸事皆宜，不避凶忌，称为"黄道吉日"。民俗中也称黄历，可以择吉日嫁娶、订婚、约会、开张、开市和搬家等。

大月氏 公元前2世纪以前，居住在我国西北部，后迁徙到中亚地区的游牧部族。在我国先秦时代的古籍中，或译作禺知、禺氏、牛氏等，后来也有译作月支的。

汉明帝听了傅毅的话，感到十分高兴，就想了解一下这位神人的具体详情。于是，他就选派郎中蔡愔和博士弟子秦景等12人，选择了一个黄道吉日，前往西域去寻佛求法。

话说蔡愔一行12个人离开都城洛阳后，在去西域的路上，跋山涉水，历尽艰险，在一年后终于到了大月氏部族。在那里遇见了古印度高僧摄摩腾和竺法兰。当时大月氏部族佛教已经十分盛行，那里寺院众多，宝塔林立，香火十分旺盛。

蔡愔一行人在大月氏部族搜集了一些佛经佛像后，

■ 白马寺山门

又邀请了到大月氏部族传教的印度高僧摄摩腾和竺法兰，在永平十年（67年）返回京都洛阳。

汉明帝非常高兴，特意召见了两位远道而来的僧人，然后请他们在接待外交官的鸿胪寺住下，翻译蔡愔等人带回来的那些佛经。

第二年，汉明帝敕令在洛阳雍门外，依天竺的建筑样式，修建了一座僧院。僧院建成后，主要用于收藏蔡愔等人取回的佛经。

由于这两位古印度高僧来到汉朝时住在了鸿胪寺，所以，人们就把两位高僧住的地方以"寺"著称，并且从此延传下去，以后所有的僧院都被称为"寺"了。

因为在永平年间蔡愔一行人去大月氏国取经时，是由一匹白马辛辛苦苦驮回佛经和佛像的，为了纪念白马的功劳，人们就把这座僧院命名为"白马寺"。

> **僧** 是梵语"僧伽"的简称，意译为"和合众"，即指信奉佛陀教义，修行佛陀教法的出家人，亦指奉行"六和敬""和合共住"的僧团。它的字义就是"大众"。僧伽是出家佛教徒的团体，至少要有四个人以上才能组成僧伽。所以一个人不能称僧伽，只能称僧人。

阅读链接

关于白马寺名字来历，还有另外一个说法。传说古代印度有个国王，曾下令毁坏各个佛教寺院。有座"招提寺"将要被毁时，这天夜里有一匹白马围绕着佛塔悲鸣，有人立即禀报国王，国王立刻下令停止毁坏寺院。因此人们把"招提寺"改为白马寺。从那以后，印度后来的僧院，便常以白马寺命名。因为洛阳白马寺是我国所建第一座寺院，自然也以"白马"取名了。在我国的白马寺中，早先还有白马绕寺塔悲鸣的壁画，天长日久，才渐渐脱落了。

二僧清凉台上译经文

公元68年,位于洛阳城以东12千米处的白马寺建成后,这里仅仅只是一个很小的寺庙,寺庙内的主体建筑也很少。那么,汉明帝为什么要把这个地方选作摄摩腾和竺法兰两位高僧的住所呢?

原来这是因为,在白马寺的寺院后部,有一座雄浑古朴、蔚为壮观的砖砌高台,名为清凉台。这里本是汉明帝刘庄小时候乘凉、读书

白马寺前的石狮

■ **摄摩腾** 名迦摄摩腾，迦摄即迦叶，意译饮光，摩腾意译大象，中天竺人。相貌仪表很俊美，精通大乘佛经和小乘佛经，以经常到各地周游传播教化为己任。汉朝使团在天竺国遇见了摄摩腾，便邀请他一同返回汉地。

的地方。

永平年间，当蔡愔等人取经回来，汉明帝看见带回来的经书和佛像后，就想：这些经书和佛像应该放在哪里呢？

这时，有大臣建议说，这些东西应该放在离洛阳城不远的地方。汉明帝便想到了自己童年学习的地方清凉台，这样，他便叫人把高僧带来的佛经摆放在清凉台上。

另外，蔡愔还在大月氏国得到了一幅释迦牟尼的站像。蔡愔将画像带回洛阳后，汉明帝过目全像，发现画中的人物居然跟自己梦中的神仙一模一样。汉明帝非常高兴，就命画工临摹下来，放置在清凉台里边和显节陵上。这便是我国历史上记载有佛像的开始。

佛经有了放的地方，那么高僧们又住在哪里呢？汉明帝又派人在清凉台的前山位置建立的一座寺庙，作为白马寺的山门，也就是白马寺最早的建筑。

这座山门后来被战火所毁，重新修建于元代，并改名为天王殿。

白马寺的最早庙宇修好后，摄摩腾和竺法兰两位高僧便住了进来，开始传法并为汉朝翻译佛经。

但是，这座白马寺庙宇毕竟还很小，摄摩腾和

显节陵 位于河南省洛阳市邙山以南，俗称"大汉冢"。根据历史资料，显节陵的地宫也极为奢丽。史书记载，地宫用虚文画着日、月、鸟、龟、龙、虎、连璧、偃月等。

享誉的寺院

■ 释迦牟尼站像

《四十二章经》
由42段短小的佛经组成，内容主要是阐述早期佛教的基本教义，重点是人生无常和爱欲之藏。认为人的生命非常短促，世界上一切事物都无常变迁，劝人们抛弃世俗欲望，追求出家修道的修行生活。

竺法兰两位高僧又是两位外国僧人，他们又要学习中文，又要翻译经书，还要向前来求经的人传法，很不方便。

于是，汉明帝又派人在清凉台上东西两边为摄摩腾和竺法兰二人修了两间住房。

此后，印度二高僧便在清凉台上禅居和译经传教。

据史书上记载，当时，蔡愔在西域获得了不少佛教典籍，竺法兰根据情况，翻译了其中的《十地断经》《佛本经》《法海藏》和《四十二章经》等。后来，都城洛阳贼寇作乱，竺法兰所译的5部佛经，有4部失掉了大半，没有传到江南。只有《四十二章经》，仍然保存至今，总共2000多字。汉地所有保存下来的佛教经典，就属《四十二章经》历史最悠久了。

据说，我国第一本汉文佛经《四十二章经》便是摄摩腾和竺法兰两位高僧在清凉台上翻译出来的。自东汉以后，此台均为历代藏经之处。

《四十二章经》翻译出来以后，汉明帝曾敕令将它收藏在朝廷藏书的兰台石室中。《四十二章经》，旨在宣扬佛教的基本教义，被推崇为我国第一部汉译佛经。

也正是因为这部经书是在白马寺翻译出来的，于是白马寺便因此成为我国佛教早期的传播中心，印度梵学及佛教发展的第一座道场，因此被后世佛门弟子尊为"祖庭"和"释源"。

在白马寺的"六景"中，清凉台高居首位。据初步考古勘测，清凉台的夯土台基，东西长约77米，南北宽约55米，折合面积4235平方米，约为现存的砖砌高台平面面积的3倍。在现在砖砌高台的西侧，紧贴砖台之基，留存4枚巨大的方形石础，长、宽各1.55米左右，或即为古代木结构高阁之柱础。

现在清凉台重修于明代嘉靖三十四年

券洞 又称拱券、法圈、法券，简称拱，或券，是一种建筑结构。它除了竖向荷重时具有良好的承重特性外，还起着装饰美化的作用。其外形为圆弧状，由于各种建筑类型的不同，拱券的形式略有变化。

■ 白马寺清凉台

（1555年）。在清凉台西北隅挂有"方丈"2字，为现任方丈禅居之处。清凉台被称为"空中庭院"，是白马寺的胜景。清康熙年间，寺内住持和尚如琇曾作诗赞美道：

香台宝阁碧玲珑，花雨长年绕梵宫；
石磴高悬人罕到，时闻清磬落空蒙。

清凉台由青砖镶砌，具有古代东方建筑的鲜明特色。清凉台前有一古朴的券洞，高3.32米，宽2.54米，深3.90米。其券石和白马寺原山门门洞之券石形制相同，多刻有工匠姓名，应同属一个时期，即东汉时期的遗物。

相传在清凉台下，原保存有佛舍利石匣，而今不知下落。另据寺内僧人相传，清凉台下东侧，原置石棺一口，为贮存驮经白马遗骨的棺材，长约1.80米，宽约1.20米，高约1米。现在也已经毁坏。

清凉台上，原有甘露井一口，现在已经废弃，由僧人们改成了一个水池，里面放有白莲，僧人称作"放生池"。放生池之后，有一铁铸宝鼎，为清代所造。

在清凉台的东西两侧还保留着为纪念摄摩腾和竺法兰的高僧殿。东侧为摄摩腾殿，西侧为竺法兰殿。殿内分供着摄摩腾和竺法兰的泥塑像。

阅读链接

印度摄摩腾和竺法兰两位高僧为了弘扬佛法而远离故土来到汉都洛阳，后来他们身葬异域，可谓是佛德卓著，劳苦功高。为了表示对他们的尊崇和怀念，人们不仅为他们筑墓立碑，而且还在清凉台上为他们立了塑像。

释迦牟尼钵化齐云佛塔

汉明帝建成白马寺后,一心向佛,佛教在华夏大地广泛传播开来。传说佛祖释迦牟尼知道东土大兴佛事后,非常高兴,就化作一个托钵游化的老僧到洛阳白马寺来察看。

佛祖看见洛阳人乐善好施,心中非常高兴,便询问大家有没有烦恼的事。

大家见这个老和尚面相和善,便纷纷向他述说烦恼的事。

原来,在白马寺东南边本来有个大水潭,方便老百姓们浇灌庄稼。可不知什么时候,来了只蛤蟆精钻进水潭里,

■ 释迦牟尼(约前624年—前544年,一说前564年—前484年),原名乔答摩·悉达多。古印度释迦族人,生于古印度迦毗罗卫国,即今天的尼泊尔南部。本为迦毗罗卫国太子,父为净饭王,母为摩耶夫人。佛教创始人。成佛后被称为释迦牟尼,尊称为佛陀,意思是大彻大悟的人;民间信仰佛教的人也常称呼佛祖、如来佛祖。

钵盂 僧人的食器,是一种碗,与道教的钵盂完全不同,但是钵盂很实用,所以被佛教僧人借用。本是僧人的化缘用具,一般都是个人使用,有名的高僧使用漆做的钵,所以漆钵代表了僧人的崇高身份。这种器具设计很巧妙,肚大,口小,水等不容易洒出,道人们用钵盂喝水时必须念"净水咒"。

一不高兴,就上蹿下跳,搅得潭水四溢,淹毁潭边的庄稼和房舍,百姓们深受其害。

佛祖听完百姓们的话,说:"阿弥陀佛,原来是只蛤蟆精在作怪,大家别着急,待老衲收拾它!"

这天晚上,等夜深人静时,佛祖来到潭边,把钵盂对着深潭"当、当、当"地敲起来,直震得潭水如沸锅一般。

蛤蟆精正在潭里睡觉,它被这当当声吵醒以后,怪叫一声,跃出水面,沙哑着嗓子叫:"何来疾僧?扰我好梦!自讨苦吃,难活残命!"

蛤蟆精叫着,四脚下扑,压着潭水掀起大浪,直扑潭边的佛祖。佛祖早有防备,一跳跳在浪头上,朗声呵斥:"蛤蟆成精,祸害众生!弃恶从善,仍为善行。"

蛤蟆精见一计不成,肚子一鼓,张口喷出一片黑箭,挟着腥风恶臭射向佛祖。佛祖不慌不忙,钵盂一翻,倒出无数剩米粒碎馍渣,把那黑箭全砸落潭中。

蛤蟆精急了,忽地跃上前来,伸出几尺长白淋淋的舌头来卷佛祖。佛祖

■ 白马寺的齐云塔

急退一步，同时将钵盂下击，"扑"的一声，将蛤蟆精击落脚前。

蛤蟆精没了招数，一弹就想蹿回深潭，这时，佛祖一拍钵盂，大喝声："进来！"蛤蟆精就被收进了钵盂。

蛤蟆精没辙了，只好"呱呱"叫着讨饶，佛祖望望不远处的寺院，念声"阿弥陀佛"，然后责令蛤蟆精从此再不得胡作非为，就放了蛤蟆精，并翻手将钵盂扣在潭边，变化成一座高耸入云的镇妖佛塔。

■ 摄摩腾祖师碑

当然，传说毕竟是传说，据史书记载，这座佛塔最开始建成时是一座木塔，它的建立和取名还和汉明帝有关呢！

据《释源大白马寺齐云塔灵异记》记载：己巳年二月八日，汉明皇帝刘庄驾临白马寺，会见两位印度高僧。

当时摄摩腾问道："寺之东南是什么馆室？"

汉明帝答道："很早以前，那里忽然涌起一个土阜，高一丈有余，人们把它铲平了，接着又很快隆了起来。土阜之上，经常放出光芒来，当地百姓感到奇怪，都称它为'圣冢'。自周代以来，经常祭祀，祈求灵验，把它看成是'洛阳土地之神'。不知这是为

灭度 涅槃旧译音，新译圆寂。古人在翻译经文的时候，认为"灭度"和"圆寂"都不足表述"涅槃""常、乐、我、静"的圆满状态。所以，就用音译，再加注释，解释这个名词的意思。涅槃是梵文的发音。

叠涩 是一种古代砖石结构建筑的砌法，用砖、石，有时也用木材通过一层层堆叠向外挑出，或收进，向外挑出时要承担上层的重量。叠涩法主要用于早期的叠涩拱，砖塔出檐，须弥座的束腰，墀头墙的拔檐。常见于砖塔、石塔、砖墓室等建筑物。

密檐式砖塔 为我国佛塔建筑的主要类型之一，可以说是一种由楼阁式塔演变而来的新式佛塔，多是砖石结构。这里的密檐，指檐与檐之间的塔身距离很短，各层檐下都不开门窗，有的只开一个小孔。

什么？"

摄摩腾答道："在如来佛灭度后100余年，印度有一位阿怒伽王，安放佛舍利于天下，共计有8.4万处。东土境内则有19处。陛下所言'圣冢'者，即19处中之一处。"

汉明帝听到这里就偕同二高僧，百官臣寮等一同去观看"圣冢"。当他们走近"圣冢"时，只见上面涌现出一个圆影，汉明帝和二高僧3人身现圆影之中，如鉴照容，分明可见。

见此情景，众人皆叹：真是从未经过这样的事。汉明帝十分感慨地说："我要不是遇到你们二位大师，怎能知道佛在保佑我呢？"

于是便诏令主管衙署，在"圣冢"之上，依腾、兰所传印度佛塔样式，兴建佛塔。当年是公元69年，春天动工，第二年年末完成。

此塔建好，一共有9层，高160多米，直冲云霄。于是，汉明帝亲自为此塔赐名为"齐云塔"。由于此塔也被人认为是佛祖释迦牟尼所建，于是也叫"释迦舍利塔"。

汉代建成的齐云塔后来毁于雷火。现在白马寺内的齐云塔为砖塔，是在金大定十五年（1175年）重修，因此又被称为"金方塔"，为四方形叠涩密檐式砖塔，距今已有800多年的历史。

白马寺的齐云塔为我国第一古塔。后来与清凉台、腾兰墓、断文碑、夜半钟、焚经台被人们合称为"白马寺六景"。

白马寺现存的齐云塔，下部正方形须弥座，底边长、宽各7.8米，束腰处长宽各约6.7米。塔身上、下共13层，通高约35米。第一层塔檐之下，砌以仿木构式普柏枋与斗拱，再向上每层均用多层小砖叠涩砌出塔檐。

每层塔檐之第一层砖下，皆饰砌以菱角牙子。自第六层起，逐层内收，塔顶覆以宝瓶式塔刹，结构严谨，浑然一体。外轮廓略作抛物线状，线条柔和流畅，造型别致，玲珑挺拔，古雅秀丽。

齐云塔中空，有踏窝可攀登而上。至第十层，向南有门，俗称"南天门"。出南天门由塔外向上再登三层，可直达塔顶。此时举目四望，邙山洛水，尽收眼底，洛阳古城，一览无余。

齐云塔须弥座所用之砖，大小不尽相同，塔身所用之砖，则比塔座之砖小得多，可能塔座和塔身不是同一时期、同一次修建的。另在塔的四周保存有6块巨大的石柱础，其中最大的一块，长约1.65米，宽

斗拱 亦作"枓栱"，我国建筑特有的一种结构。在立柱和横梁交接处，从柱顶上的一层层探出呈弓形的承重结构叫拱，拱与拱之间垫的方形木块叫斗。两者合称斗拱。也作枓拱、枓栱。由斗、拱、翘、昂、升组成。斗拱是我国建筑学会的会徽。

石柱础 是我国传统建筑中的一种结构构件，它主要有：第一，承受由柱子传来的屋顶荷载，并将其传递到地基上。第二，隔绝地基的潮气，防止木柱受潮腐烂。第三，根据柱间板壁的安装要求不同，柱础形态作相应的变化及处理。

■ 齐云塔塔基

■ 洛阳白马寺齐云塔

1.60米。这6块石础，分布得很有规律。就其分布和间距推断，原来的石柱础当为8枚，略作八角形分布，可能即为原来木塔的柱础。

齐云塔另有一奇，便是当人站在齐云塔南面，大约20米处用力击掌，便可听到从塔身处发出"哇哇"的叫声，和青蛙的叫声十分相似。

正因为有了这种奇特的现象，便有了上面的那则传说。据说，自从释迦牟尼收拾了那蛤蟆精以后，蛤蟆精再也没有发过水害，又因它傍近寺院，听经闻佛多了，修去癞皮，换了金装。每当月明之夜，人们常会看到闪着金光的蛤蟆在塔顶上出没。为此，当人站在塔前20米处猛拍手掌时，那金蛤蟆也误以为是游行僧又拍钵盂了，吓得跟着"哇、哇"直叫。

其实，这种现象是一种声学的物理现象，是齐云塔独特造型所致，因塔面上凸凹不平，所以使得回声不齐所形成。论资格，这回音比北京天坛的回音壁还早建200年呢！

据说，在后周时期，有一天，齐云塔上现出一团五色神光，自神光中间又伸出金掌一只，端着一座宝

后周 是五代十国之一。公元951年，郭威称帝，改国号为周，史称后周，郭威就是后周太祖。周太祖郭威所建。京都在开封，后周经历3帝，享国10年。

塔。那宝塔约高一尺余，色如琉璃，内外透明，自午时至申时方才慢慢隐去。当时，后周皇帝、大臣和老百姓皆来赏看。白马寺内所住的9个梵僧说道：这正和当年佛祖所造的佛塔一模一样。

据《释源大白马寺舍利塔录异记》说：现存齐云塔，就是东汉明帝永平己巳年创建的释迦舍利塔。此外寺内现存宋碑《摩腾入汉灵异记》和佛籍《历代三宝记》也有关于汉明帝修建佛塔的记载。

那么不是应当授予齐云塔以"中国第一古塔"的桂冠吗？如此说来，白马寺的齐云塔，可称得上是我国佛教及其建筑艺术长河之源头了。

> **午时至申时** 我国古时把一天划分为12个时辰，每个时辰相等于现在的两小时。上午11点到下午1点为午时，亦泛指中午前后。下午3时至5时为申时。午时至申时指上午的11点至下午5点。

阅读链接

虽然很多人认为白马寺的齐云塔是我国建立的第一座佛塔，但也有人认为，我国的第一佛塔是坐落于邢台市所属的南宫市里的普彤塔。

据说，汉明帝当时梦见神仙的地点在邢台市的南宫。而这个南宫是春秋末年由孔子一个叫南宫适的弟子修建的。

因为汉明帝刘庄随其父光武帝刘秀被王莽追杀，曾在南宫停留，并在"大风亭"下，对灶烤衣、吃饭歇息。刘秀言此地是风水宝地。

于是，在永平十年（67年）摄摩腾和竺法兰在从大月氏到洛阳的途中，汉明帝刘庄便命他们在这里修建了普彤塔。

此塔为八角实心砖塔，共9级，塔高33米，底层直径5米。塔身每级出檐，檐下翘置斗拱。塔的须弥座正南面，有一门洞，直至塔心，塔心下有一砖井，砖井东、西、北3面之上分坐石佛3尊，这种佛龛营造方式，在佛塔建筑中十分罕见。

道佛二教焚经台斗法

相传汉明帝因梦求法,并创建白马寺后,佛教传入我国,并迅速得到了包括皇帝在内的国人的信奉,这件事,引起了当时道教徒的极度不安。为此,道教徒和佛教徒在白马寺的焚经台上进行了一场斗法比赛。

事情还要从摄摩腾和竺法兰两位僧人来到洛阳以后说起。自从洛阳的白马寺建成以后,摄摩腾和竺法兰一方面在白马寺里翻译经书,另一方面,又到处找新的地址修建寺庙,传播佛教。

一天,他们二人来到了山西五台山,看见那里的景色迤逦,且又

■ 文殊菩萨 即文殊师利或曼殊室利,佛教四大菩萨之一,释迦牟尼佛的左胁侍菩萨,代表聪明智慧。因德才超群,居菩萨之首,故称法王子。山西省五台山是文殊菩萨的道场。

是文殊菩萨讲经居住的地方，就有了在此地修建寺庙的想法。

■ 白马寺经书

可是，这时的五台山上居住着道教弟子，他们当然不愿意让外地僧人在这里修寺传法。于是，道教弟子南岳诸善信、华岳刘正念等五岳十八观、太上三洞共690名道士联名上表汉明帝，他们在奏章中称："皇上竟然摒弃了我国的道教，去远求胡人的教法，这是万万不应该的。"同时，他们还在奏章中向明帝请愿，想与佛教一比高下真伪。

汉明帝看完奏章，心里也想瞧瞧这新传入的佛教和我国土生土长的道家孰优孰劣，于是将佛道两教人士引入长乐宫前，下诏宣告："在元宵节当天，道士与佛教僧侣一起集合在白马寺南门外比试，并先立东西两坛焚经台，以辨验各自的神通本事。"

为了能够比试出效果，汉明帝还特意命人在白马寺南修筑了两个高高的夯土丘用于放置经书时用。

五岳 是我国五大名山的总称。指山东省泰安市的东岳泰山、湖南省衡阳市的南岳衡山、陕西省华阴市的西岳华山、山西省浑源县的北岳恒山、河南省登封市的中岳嵩山。五岳是远古山神崇拜、五行观念和帝王巡猎封禅相结合的产物，后为道教所继承，被视为道教名山。

■ 洛阳白马寺大雄殿内景

缣帛、木牍和竹简 我国古代制作经书，都是写在丝织品、狭长的竹片或是木条上的，抑或者写在长长的竹片上，以这种材料制成的经书被分别叫作缣帛、木牍和竹简。

公元71年，正是白马寺建成之后的第三年。这年正月十五元宵节这天，汉明帝亲自率领文武百官来到白马寺前观看佛道两家比经试法。佛道两家也各集精兵强将纷纷前来助阵。赛台前热闹非凡。

比试正式开始了。第一场比赛是比试两家的经文数量。

诸善信等道家学者手捧道教经书共600多卷登入西台，几大车的纸绢、缣帛、木牍和竹简等经文典籍，整整堆满了一赛台。而摄摩腾和竺法兰的经文本来就是从大月氏部族取来的，他们的经文自然就少得可怜，只占了东台上可怜巴巴一小点地方。所以，第一个回合，显然是道家胜出，佛家失败。

第二场比赛是比试诵经说法。

道家太极两仪、老子庄周、黄帝内经、五行丹药、山南海北、古往今来、伏羲、女娲以及八八六十四卦、运筹等说不尽道不完。摄摩腾和竺法兰因为是外国人,他们说法时唧唧呜呜,大家根本听不懂在说什么,而且不一会儿就说完了。

那么,这到底是谁赢谁输呢?就是连汉明帝及文武百官们也不好判定了。于是,他们只好算这个回合为平局。

到了第三场比赛了,道家一方自以为自己已经占尽了先机,于是,就大度地对摄摩腾和竺法兰说,下面还怎么比,你们说吧!

摄摩腾和竺法兰看着道家那边台子上成堆成堆的经典文集,忽然心生一计,便说:真经不怕火炼,你们敢不敢比焚烧经卷宝物?你们若敢,我们就连这佛像佛舍利子袈裟禅杖钵盂都一起用来焚烧。

道家一方这下子可有点担心了,因为他们在从前的比经赛法时都没有这么比过呀,要是自己的经文被烧了该怎么办呢?但是,他们又不愿意认输,于是一生气便说:比就比,这有什么了不起呢!

于是,汉明帝命人备好柴火。600多名道士列队绕坛诵经,祈祷老天保佑自己的经书不要被毁。而摄摩腾和

禅杖 佛门中的禅杖是在坐禅时用以警睡之具。《释氏要览》中说:"禅杖竹苇为之,用物包一头。令下座垫行;坐禅昏睡,以软头点之"。用这种"禅杖"触击禅者,不会感受痛楚,但能苏醒精神,防止座中入睡。

■ **女娲** 传说中华上古之神,人首蛇身,为伏羲之妹,风姓。起初抟土造人,创造人类社会并建立婚姻制度;后世天塌地陷,于是炼彩石以补天,斩龟足以撑天。

■ 白马寺焚经台遗址

竺法兰等人反倒是显得不慌不忙。

接着,汉明帝一声令下,高台上同时举火。西台上霎时烈焰腾空。君臣们举目看时,道教这边台上火焰熊熊,还杂以"噼噼啪啪"的爆裂声。这是为什么呢?

因为汉朝是我国造纸业的初制时期,纸的产量极少,通用的书写材料主要是简牍和缣帛。简牍,南方以竹为原料,北方以杨、柳为基材;缣帛是丝织品,价钱昂贵且难久存,道士们用的并不多。

这样一来,一大堆干燥的竹木岂有不着的么?不一会儿,道教一大堆的经卷即刻化为灰烬,随风飘尽。那些道士们啊,伤心的泪簌簌如雨下落。

再看看佛教的经台上,真金果然不怕火炼,烈火中突然"光明五色,直上空中,旋环如盖,遍覆大众"。这时,摄摩腾和竺法兰等人突然奏起了古老的印度佛教音乐。

汉明帝等王公大臣们以及周围围观的人们第一次听到这种音乐,他们还以为是天上的仙乐呢!

金箔 用黄金锤成的纸状薄片。黄金性质稳定,永久不变色、抗氧化、防潮湿、耐腐蚀、防变霉、防虫咬、防辐射,用黄金制成的金箔具有广泛的用途。

那么，摄摩腾和竺法兰等人的佛经为什么没有被点燃呢？原来，自从他们答应了道教徒的斗法以后，他们早就把经书誊写在金箔上了。当火被点燃以后，那些金箔被火焰的热气流带上高空飘落下来，又恰似天降宝花，更让台下的人们看得惊讶极了，一时间，台下欢声如潮。

再看看那些五岳来的道士们，他们你看我，我看你，吓得脸色都变了，而南岳的道士费叔才惭愧得竟当场气绝身亡……

摄摩腾和竺法兰带来的佛法大获全胜。道士们各个垂头丧气，而且当场就有600多名弃道为僧，又有贵妇宫女2000多人踊跃报名为尼。摄摩腾和竺法兰等人则各个眉开眼笑。

从此，汉明帝更加虔信佛教，并敕令在洛阳创建10所佛寺，其中7寺建于城外，安置僧人，3寺在城内，安置尼姑，佛教从此流传天下。

在这以前，我国古代原本是无所谓宗教的。道家也只不过属于诸子百家之一。但自从这次斗法以后，我国从此也就有了宗教。

这次斗法比赛中，由于佛教僧人和道教僧人在白马寺新修起的高高夯土丘上面焚烧了经书，后人便把这里叫作焚经台。现在，白马寺的焚经台上的土还是红色的，据说就是那次比试时烧红的。

另外，焚经台是白马寺"六景"之一，现在，在白马寺的焚经台上立着一通"东汉释道焚经台"字样的碑。

阅读链接　据说，在焚经台比法当天，有人从火中抢出了道教经书《道德经》，因此，后世的道教人士认为只有《道德经》才是真经，其余后来流传下来的经书全是唐朝末年的道士杜光庭所撰。现在我们形容伪作品时常用"杜撰"这个词语，就是出自这个典故。

新时期进行的修复和增建

新中国成立后,党和人民政府非常重视文物的保护,尊重信仰自由。先后于1952年、1954年、1959年多次拨专款重修白马寺。1959年郭沫若参观白马寺,曾留下了"白马驮经印度来"一首"七律"作为纪念。1961年,国务院确定白马寺为全国重点文物保护单位。

山门外石牌坊

■ 山门前的石雕马

1972年，周恩来亲笔批文，从故宫调拨一批文物给白马寺，同时对白马寺进行了大修。这一次重修，前后持续10年，使千年古刹，面貌为之一新。

1978年后，国家落实宗教政策，开放寺院，恢复佛事活动。

1984年，白马寺正式移交洛阳市佛教协会和僧人管理。重修后白马寺山门外总占地面积23亩，面向国道有四柱三间石牌坊一座，过牌坊即放生池，有三石拱桥跨池南北，池周围石栏环绕，水中鱼吮残红，善男信女可临池放生。左右两侧绿茵铺地，中心设花池，形成一种风格自然的人间净土。

进入石牌坊，在山门前左右两侧各立一匹青石圆雕马，做低头负重状。相传，这两匹石雕马原在宋太祖赵匡胤之女永庆公主驸马、右马将军魏咸信的墓

驸马 我国古代帝王女婿的称谓。又称帝婿、主婿、国婿等。因驸马都尉得名。汉武帝时始置驸马都尉，驸，即副。驸马都尉，掌副车之马。

净土 是指清净国土、庄严刹土，也就是清净功德所在的庄严的处所。净土思想在现世人间中，具有积极的意义与价值，也是修行的重要法门。

■ 宋太祖赵匡胤（927年—976年），北宋王朝的建立者，出生于洛阳夹马营，祖籍河北涿州。公元960年，他以"镇定二州"的名义，领兵出征，发动陈桥兵变，代周称帝，建立宋朝，定都开封。在位16年。在位期间，加强中央集权，提倡文人政治，开创了我国的文治盛世，是一位英明仁慈的皇帝，是推动历史发展的杰出人物。

前，后由白马寺的住持德结和尚搬迁至此。

1995年，寺院又在清凉台两侧建筑了法宝阁和藏经阁。

法宝阁位于清凉台左侧，竺法兰殿背后，阁的台基高5米，东西长25.2米，南北宽22.5米，台基为钢筋水泥架构，形成阁的下室。法宝阁台基上建五开间的重檐歇山式大殿，东西长18.5米，南北宽12.95米。

法宝阁内供奉着印度前总理拉奥于1993年赠送的高1.5米的释迦牟尼青铜立像。同时，该宝阁内还珍藏着数十种法宝。

藏经阁位于清凉台右侧，摄摩腾殿背后，台基上建五开间的重檐歇山式大殿，藏经阁内正中供奉有泰国佛教界送给白马寺的"中华古佛"。

相传，世界上仅有两尊造型奇美，大小如拇指的佛像，这两尊佛像是东汉时期白马寺敬造的，后流落民间。又由民间流传到西域，再传至南亚，后来便流落到泰国，被泰国博物馆和泰国一富商收藏。

为了加强中泰两国佛教界的友好往来，泰国将

鎏金 即镏金，古代金属工艺装饰技法之一。用涂抹金汞剂的方法镀金，近代称"火镀金"。这种技术在春秋战国时已经出现。汉代称"金涂"或"黄涂"。镏金亦称"涂金""镀金""度金""流金"，是把金和水银合成的金汞剂，涂在铜器表层，加热使水银蒸发，使金牢固地附在铜器表面不脱落的技术。

此佛复制放大至0.97米，并用铜多种镏金制成两尊，在北京广济寺由中国佛教三大语系的高僧共同主持开光。一尊迎回到泰国，由泰国信徒供奉，另一尊归释源白马寺供奉。

此外，藏经阁还收藏《龙藏》《中华大藏经》《日本大正经》《西藏大藏经》《敦煌大藏经》等藏经，是白马寺僧人阅藏修学的地方。

除了法宝阁和藏经阁，还补修了卧佛殿、玉佛殿和六祖殿等，这里就不一一介绍了。

2001年1月，白马寺被国家旅游局命名为首批国家AAAA级旅游景区。从此，白马寺又迎来了新的发展历程。

由于白马寺是佛教从印度传入中国后的第一座官办佛寺，为此，它在中印佛教交流史上占有重要的地位。于是，经过中印签订协议，2005年4月，寺内主

> **开光** 是一种宗教仪式，最初来自道教，开光就是把宇宙中无形的、具有无边法力的真灵注入到神像中去，神像也就具有无边法力的灵性。故而开光是神像被供奉后，必不可少的仪式。佛教本来没有开光，但有种佛像加持的仪式，跟开光差不多，流传到现在，就都统统叫开光了。

■ 白马寺藏经阁

白马寺古画收藏

持又请来工匠在白马寺修建了一座印度风格的佛殿。

如今的白马寺，晨昏礼佛诵经，焚香拜佛，严守戒律，每逢农历四月初八的佛诞节、七月十五的盂兰盆会、腊月初八的成道节等佛教节日，都举行大型的佛事活动。寺内僧人上下和敬，学修并进，海众参拜，蔚成风气，可谓名副其实的中国第一古刹。

阅读链接

1989年，在白马寺方丈海法法师的努力下，经洛阳市宗教局、市佛协同意，海法法师组织人员修复了白马寺外东侧的齐云塔塔院。1990年，齐云塔院作为河南第一所比丘尼道场修复开放。现有尼众30余人在此修学佛法。

齐云塔院被批准为比丘尼道场后，由于僧人们没有一个举行佛事活动的场所，白马寺方丈海法法师又组织人们捐献资金，策划筹建齐云塔院的大雄宝殿。

这大雄宝殿于2005年8月动工，2007年2月告成，共耗资300余万元人民币。大殿建在长30米，宽24.5米，高1.6米的高台上，共3层。中层面阔7间，长28米，进深5间，宽23米，高17米，重檐歇山顶。整座大殿巍峨壮观，气势恢宏。

禅宗祖庭

少林寺

少林寺，又名僧人寺，有禅宗祖庭、天下第一名刹之誉。是我国汉传佛教禅宗祖庭，始建于公元495年。由于其坐落嵩山的腹地少室山下的茂密丛林中，所以取名"少林寺"。有少林寺院、塔林、达摩洞、初祖庵等景点，更拥有传承千年的少林"禅、武、医"文化。如今，少林寺景区是国家旅游局首批国家AAAAA级旅游景区，并被联合国教科文组织列入《世界遗产名录》。

孝文帝为跋陀建寺院

■少林寺壁画

南北朝时期，鲜卑族拓跋氏统一了长江北岸，建立了北魏王朝。到第六代孝文帝拓跋宏继位后，北魏经常受到南朝的侵扰，这让孝文帝非常苦恼。

公元490年初，一位来自印度的僧人跋陀到了我国。跋陀又译为佛陀、僧伽佛陀。据说，跋陀出家后，一面学习禅观之法，一面漫游各地。后来与他共同修炼的5位道友先后都已修得正果，只有他无所收获，因

■ 丝绸之路群雕

此，他想自杀了却此生。

这时，跋陀的一位得道朋友劝导说："修道要有机缘。你与震旦很有缘分，为什么不到那里去修炼呢？"震旦是当时印度对我国的古称。

道友的话让跋陀茅塞顿开，于是跋陀开始随朋友游历各国。他们先西行，到过东罗马帝国。然后，又沿着丝绸之路东行，经过西域诸国，来到佛法兴隆的北魏国都平城，也就是山西省大同市。

跋陀来到平城后，并没有立即拜见孝文帝，而是四处寻找可以安身的地方。当时，平城城内有一位姓康的富翁，特别爱好佛法。他特地为跋陀建了一所小寺院，为此跋陀便开始在这座小寺院内坐禅。

有一次，孩子们从门缝中看见室内似乎起了火，惊慌地报告了康家主人。但当人们赶到时，却只见跋陀依然在室内潜心坐禅。于是人们议论跋陀禅法玄妙，说他已经得道了。

跋陀高僧得道的"奇事"很快传遍了北魏国都，

丝绸之路 是起始于古代中国的政治、经济、文化中心古都长安，连接亚洲、非洲和欧洲的古代商业贸易路线。它也是一条东方与西方之间经济、政治、文化进行交流的主要道路。它的最初作用是运输中国古代出产的丝绸。因此，最早在19世纪70年代，被德国地理学家命名为"丝绸之路"后，即被广泛接受。

北宋时洛阳城

并传到了孝文帝那里。于是,孝文帝便亲自去康家人修建的小寺庙里向跋陀寻求帮助。

跋陀一见孝文帝,便胸有成竹地纵论天下大势,还出了4条改革方略:

一是彻底清除先皇太武帝灭佛造成的余悸,在北魏的地盘上广建塔寺,广度僧尼,开导民俗,以揽民心,还要亲自带头皈依佛门,亲览佛经,使天下人思定思安。

二是彻底推行均田制,使天下万民人人耕有田、食有粮,才能使民心安定。

三是普天之下汉民最多,服天下的关键,就是要服大汉人之心。要使汉人臣服,就必须尊重汉人的习俗和礼仪,在宫廷之内开办汉学,学习大汉民族文化,允许鲜卑女嫁汉,各民族一律通婚。尤其皇室要带头穿汉衣、行汉礼、说汉话、改用汉姓,才能同汉人不分彼此和睦共处,大开统一天下的方便之门。

四是要迁国都于国之中心洛阳城,不能像现在这样偏居一隅。让天下人都能看出大魏有统一天下之志,才能使天下人心归一。

孝文帝听了这4条计谋,甚感佩服,他便一一按照跋陀的指点来做。首先，他亲自带头皈依佛门，穿汉衣、说汉话，然后，他又把自己的姓氏拓跋氏改为元氏，更名"元宏"，并派人去洛阳建立都城。

再说，孝文帝和跋陀建立起很好的友谊之后，便立即为跋陀在平城"别设禅林，凿石为龛"，供给资供。

公元495年，孝文帝为了进一步推行"汉化政策"，迁都洛阳，跋陀也随之南迁，来到河南洛阳。孝文帝在洛阳为跋陀设立了"静院"，以供禅修，可是跋陀喜好清净，多次前往嵩山隐修。于是第二年，孝文帝又在少室山为跋陀建寺院，寺庙建成后，孝文帝又亲自陪同跋陀前去观看，并且为其取名"少林寺"。

据僧人慧立和彦惊著的《大慈恩寺三藏法师传》及《皇唐嵩岳少林寺碑》的记述可知：新建的少林寺美丽、宽敞而清幽。这座寺庙依照西高东低的山谷布列，分为"上方"和"下方"两大部分，共有12个院落。它的主体建筑有雄伟的"舍利塔"和塔北侧的"翻经堂"，现在少林寺西墙西边的"甘露台"，就是当年舍利塔的塔基，翻经堂则应该在甘露台的北侧，现在已经无遗迹可寻了。

少林寺石牌坊

甘露台 在少林寺院西墙外30米处，传为少林寺创始人跋陀译经之所。当年跋陀与勒那、流支一起，在此共译《十地经论》，忽然天降甘露，因此得名。台上有古柏两株，台下东南隅，有古树数株，根出如虬如梁。

据说，少林寺里的这个"甘露台"也是有故事的。跋陀入住少林寺后，就一边传法一边翻译经书。在翻译经书时，跋陀非常辛苦，也非常专心，对于夏天蚊虫的叮咬和冬日刺骨的寒风，他全然不顾，忘记吃饭和睡觉也是常有的事情。

跋陀的这种精神感动了上天，就在土台这个地方连续降下了几次味道非常甘甜的露水，自此以后，这个土台就有了"甘露台"这个名字。

当然，当年的跋陀不可能只是在这样的一个土台上翻译经书。据旧《少林寺志》记载，当时的甘露台上有3间殿式建筑，后遭火焚毁。

甘露台西侧约50米处，有一条南北走向的水沟，

■ 少林寺塔林

河南嵩山少林寺

应是寺院的西界,即碑文所说"西缘长涧,夹松柏之潇森"的地方。

舍利塔往东,有跋陀等人供佛、做法事的"普光堂"。堂内曾供奉了艺术价值很高的一组泥塑彩绘,即一佛、二弟子、二菩萨;堂门外有二神王、二力士、二狮子并二狮子郎的塑像。

这组佳作,是博士李雅等人在永平年间塑造的,奇妙无双。武则天曾下令将二神王、二狮子及二狮子郎像制成脱纱塑像,迎入皇宫内供养。公元700年,这组塑像又被送往洛阳大福先寺,后经少林寺寺主义奖的请求归还少林寺。

从"普光堂"往东,是"塔院",原来建有埋葬跋陀的"遗身定塔"。其位置相当于今少林寺的"西塔院"。隋代大业末年,"群贼以火焚之,不燃,远近珍异",可知原为一座木塔,不知何时毁掉。

"塔院"以东的北魏建筑具体是什么,古书上并没有记载。但现在存于少林寺东墙外北侧的同光禅师塔,标示出少林寺"东界"的位置在此以西。

少林寺的北界,在五乳峰山脚下;南界为少溪河,这都是天然的界限，故自古有"清溪锁少林"之谚。

再说，孝文帝组织修建少林寺建成后，各地善男信女慕跋陀之名常聚集于少林寺，人数达数百人之多。跋陀一面教弟子们坐禅，一面又辑出一些经义，供弟子们学习，少林寺蔚然成为禅学的一大中心。

据史书记载，跋陀在建寺后曾对弟子们说："此少林精舍，有特别的神灵护卫着它；立寺之后，永不消灭！"

跋陀年迈以后，不再参与僧伽活动，一切委诸学徒，自修成业，他本人则移至寺外一间小屋养老。他觉得有一善神，常常伴随他，守护他。

所以临终以前，他在屋门上亲手画了善神之像，据记载，直至9世纪，这屋门上的神像还保存着。

跋陀是一位灵感极多的画家，他所画的《佛林国人物图》《器物样》及《外国兽图》，一直流传至唐朝末年。

作为少林寺的创立者和第一位住持，跋陀在寺内翻译了他从印度带来的《华严》《涅槃》《维摩》《十地》等经，并收有弟子慧光、僧稠等人。

阅读链接

关于跋陀有很多传说，通过广泛流传并且记入少林寺门前石碑的"跋陀开创"中的一个传说，可以了解跋陀一二。

石碑上记载：跋陀，又名佛陀、僧伽佛陀，原本是东天竺人，他6岁死了父亲，就跟着母亲以纺织为生。有一年，母亲出外贩卖布匹，认识了一位和尚，便让儿子皈依他做了弟子。传说，跋陀从师念佛，心底十分虔诚，一天竟能熟背300多颂，很受师父器重。

禅宗祖师修行达摩洞

在跋陀开创少林寺若干年后,一个叫菩提达摩的僧人来到嵩山。

达摩是一个被赋予很多传奇色彩的高僧。他本来姓刹帝利,名叫菩提多罗,是南天竺香至国香玉王的第三个儿子,人们通常就叫他刹帝利·菩提多罗王子。

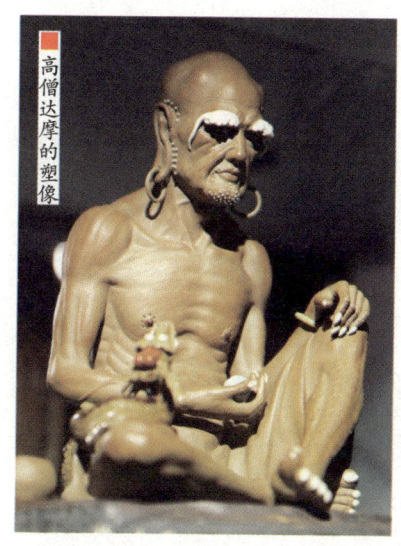
高僧达摩的塑像

他十几岁的时候就已经文武双全,父亲香玉王十分喜欢他,并准备将他培养成为国家的栋梁之才。但谁也没有想到,他后来竟成为功德无量的佛门弟子。

达摩自幼拜释迦牟

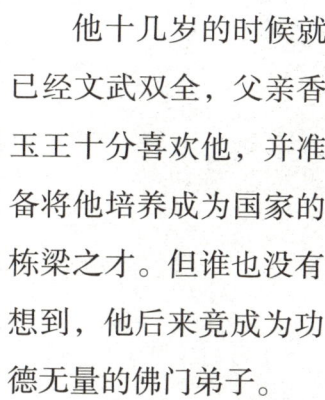

天竺 是古代我国以及其他东亚国家对印度和其他印度次大陆国家的统称。天竺历史上相继出现四大帝国:孔雀帝国、笈多帝国、德里苏丹国和莫卧儿帝国。我国历史上对印度的最早记载在《史记·大宛传》,当时称为身毒。

香至国 又叫婆罗门国、波斯国。是古代印度一个国家。地址在今印度曼尼普尔一带,或为今阿萨姆北部以西以至于恒河流域,是我国古代东西交通重要地。

圆寂 佛教用语。梵语的意译，音译作"般涅槃"或"涅槃"。是指僧人死后升天，以此求得功德圆满。佛教认为，修行理想的最终目的便是圆寂，所以，在僧人死后都被称为圆寂。

尼的大弟子摩诃迦叶之后的第二十七代佛祖般若多罗为师，师赐其法名叫菩提达摩。达摩谨遵师训，待师父圆寂后67年，他动身来到我国。到我国后，梁武帝萧衍立即派使臣把达摩接到皇宫，为其接风洗尘，宾客相待。

武帝是一个佛教小乘派信徒，主张自我解脱。达摩是禅宗大乘派，主张普度众生。由于他们的主张不同，每谈论起佛事，二人总是不投机。这时达摩感到南京不是久留的地方，于是便告辞萧衍，渡江北上。

当时，我国有个高僧，名叫神光，当地群众称赞说"神光讲经，委婉动听，地生金莲，顽石点头"。所以，每次他讲经说法时，听讲者都围得水泄不通。

此时，神光正在金陵雨花台讲经说法，他发现达摩从此经过，便匆匆结束了讲座，去追达摩。

神光跑到江边，远远看见达摩正脚踩着一根芦苇渡过江去，神光也想用芦苇渡江，却险些掉进水里。顿时，神光对达摩生出万分敬意，知道此人定是一位高人，就打定主意追随。

当然，关于达摩用芦苇渡江的故事可能只是一个传说，为了让后人知道这个传说，人们特意在少林寺方丈室内的墙上挂起了

■ 少林寺达摩石刻

一幅《达摩一苇渡江图》。

再说神光找到渔船过江,追到达摩后,他毕恭毕敬地说:"请圣僧前往嵩山,住持少林,弟子愿为您领路。"

达摩却不理他,只管走自己的路,神光也紧追不舍,一路上对达摩细心侍奉。不久,两人就来到了魏京洛阳城,城内有座永宁寺,十分豪华。尽管达摩很喜欢这里,但他的"大乘"佛法却不为当地人所了解。最后他便跟着神光一路跋涉赶到了嵩山少林寺。

此时,少林寺的开山祖师跋陀早已圆寂升天,他的几位有为的弟子如慧光等人也下山四处云游去了。但大家一听说达摩是从西天来的高僧,还是很热情地将他迎入寺中款待,过了几天,达摩刚从远行劳顿中恢复过来,僧人们就请他坐堂讲经,洗耳恭听。

但让达摩失望的是,跟其他寺院一样,少林寺僧人修习的也都是"小乘"佛法。僧人们对他的"大乘"佛法纷纷不以为然,还常常给予诋毁和讥谤。

达摩觉得这些人暂时不可理喻,让他们接受"大乘"之说尚需时间,就离开了少林寺,往后山五乳峰走去,神光还是紧紧跟随着他。

达摩爬到了五乳峰中峰之上,很快就找到了一个离五乳峰绝顶数十米处,深约5米,宽约3米的天然石洞,这就是后来的达摩洞。

■ 达摩一苇渡江图

金陵 是南京的别称,亦是南京久负盛名的称呼,南京这座著名的古都在漫长的历史中曾经有过很多名称,其中最响亮的莫过于"金陵"。

雨花台 位于南京市中华门城南,它是一座松柏环抱的秀丽山冈。传说,神光法师在此设坛讲经,感动上苍,落花如雨,雨花台由此得名。

> **二入四行** 是达摩禅法的核心内容。又以"壁观"法门为中心。所谓"壁观"应指"心如墙壁",即心静如墙,而非传说中的面壁而观。

据说,达摩在这个洞里一直待了9年,由于这个洞的洞口十分狭小,原先光线从洞口射进来,恰好就照在洞内西壁上,但达摩入住以后,常常在距洞口不远处禅坐,日复一日、年复一年,西壁上竟然出现了一个如同墨画一样的面壁姿态的坐像。

这块影石被少林弟子视为达摩成佛的象征,称为少林寺中的传世奇宝,但据说在清代中叶的时候,僧人们把它凿下来移入寺内藏经阁保存,在后来的一次大火中,影石与藏经阁同时被毁。

神光本是跋陀的弟子,在达摩去石洞以后,他一边向达摩学法,一边不断地借机会向师兄弟们讲述"大乘"教义。逐渐地,大家对达摩和他的"大乘"之说的态度发生了转变,后来竟都跟着神光拜达摩为师,每天在达摩洞外学法。

■ 达摩洞内的达摩塑像

不知不觉很多年过去了,此时少林寺的僧众几乎都已经成了"大乘"门徒,大家也就隆重地把达摩请进了寺内。这样,达摩就理所当然地做了跋陀之后的第二代少林寺方丈住持。

菩提达摩在少林寺所传授的禅法是"二入四行"的大乘禅法,他把整个佛法概括为理入和行入两个方面。其中,达摩禅法的"行入"指的是"四行",即:报怨行、随缘行、无所求行、称法行。

达摩禅法的理论基础是般若性空的思想，此外，也融汇了《楞伽经》《涅槃经》的佛性思想。

达摩在少林传法后，我国佛门内很快就以少林寺为中心，掀起了一场改革，讲求"普度众生"的"大乘"佛法逐渐向全国弘扬开去。

少林寺因此被誉为"大乘圣地"或"禅宗祖庭"，以及"天下第一古刹"。达摩也被尊为"禅宗初祖"或"禅宗祖师"。

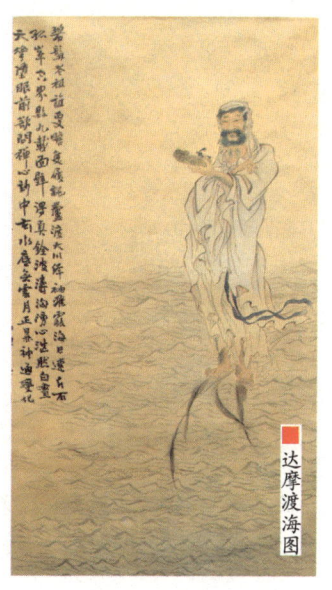

达摩渡海图

阅读链接

据说，关于达摩与佛门的结缘，这里还有一段佳话：

一天，般若多罗尊者路过王宫，看见了菩提多罗，尊者算出菩提多罗的前世因缘，便叫他同两个哥哥分辨其父亲施舍的宝珠，以试探他。

尊者拿出宝珠对香玉王和3个王子说："这颗夜明珠又圆又明，世间罕有，还能有超过它的吗？"香玉王和另外两个儿子想了半天，答不上来。

这时，刚满17岁的菩提多罗说："这颗珠子虽然宝贵，但还不能算最为上品。要说明，心明最上；要说宝，智慧最宝；要说高，众生最高；要说圆，功德最圆；要说贵，觉悟最贵；要说大，佛法最大。"

般若多罗尊者闻听此话，知道这位聪颖过人的三王子对佛理已经有了很深的领悟，正是自己要寻找的传人，就对他念了几句偈语："心底含佛种，因事复生理，果满菩提圆，华开世界起。"说罢双手合十辞去。后来，菩提多罗在父亲死后不久拜般若多罗尊者为师，行了削发剃度大礼，正式成为佛门弟子。

高僧达摩始创少林功夫

少林寺人物雕塑

少林功夫是我国汉族武术中体系最庞大的门派,武功套路高达700种以上,又因以禅入武,习武修禅,又有"武术禅"之称。那么,你知道少林的功夫是谁创造的吗?此人便是达摩禅师。

据说,达摩刚到五乳峰时,饥了以柏籽、山果为食,渴了以山泉、积雪为饮,日子过得十分清苦。不止如此,他还要常常面对山中的猛兽与毒蛇,以及不怀好意之人的袭击,而自己整天壁观静坐,在精神和肉体上,也常常会有过度的萎靡和疲困。

少林寺石碑

　　为此,达摩便经常走出洞外习练武功,但在五乳峰上既没有场地,也没有器械,他就只好在洞口宽不过数尺,长不过丈的空地上徒手习武,当然,他有时也会折根短棒当作武器。

　　达摩很有习练功夫的天赋,他模仿虎跃、龙游、猿攀、鹰翔、猫穿、狗闪、鸡立、兔滚、蛇缠等动物擅长的动作,仔细研究打击虎、狼等猛兽要害部位的办法,逐渐有了不少心得。

　　后来,弟子慧可又为他带了一本东汉末年神医华佗所著的《五禽戏》,达摩大受启发,结合自身的体会演练,竟然创制出了18种定型的动作,起名曰"罗汉十八手",后来又逐渐研习成了一套"心意拳"和"罗汉棍"。

　　在我国后来的文学与影视剧中,为各路英雄争相抢夺的少林武功秘籍《易筋经》,相传也是达摩所创,又称《达摩易筋经》。

　　现在,少林功夫有一个显著的特点就是"拳打卧牛地,出手一条线",不受场地大小的束缚,可以在狭小的空间里发挥自己武艺的威

■ 少林拳雕刻

力,所有套路起落、进退、收纵,都要求在一条线上。据说,这与达摩当时初创武功的场地条件限制有关。

由此,人们千百年来一直传颂着一种说法,达摩不仅是佛门禅宗之祖,也是少林武术的创始人。

后来,达摩的这套健身术,经历长期演练、综合、充实、提高,逐步形成了一套拳术。共达百余种,武术上总称"少林拳"。

南北朝以后,随着社会的进步和形势的需要,要求少林武功向精湛方面发展,开始实行了有组织的、严格的僧兵训练。每天很早的时候,师僧们同起而习之,冬练三九,夏练三伏,四季不断,苦练武艺。

隋唐之际,少林武功已享盛名。北宋时期,宋太祖赵匡胤喜爱拳术,而且不少拳法,是他创造的,曾将他的拳书藏于少林寺。

僧兵 又称法师武者。即执兵杖从事争斗之僧侣或其集团。据史书记载,僧兵起源始于北魏时代。北魏世祖西伐至长安,见寺内藏有弓、矢、矛、盾,大怒,遂诛长安之沙门,焚毁佛像。

到了金末元初之际，少林拳有了较大的发展。少林派拳术大师白玉峰、觉远、李叟等人，精心研究少林拳法，并注意拳法的整理和传授。他们将少林拳中的"罗汉十八手"发展为七十二手，以后又发展到一百七十三手。

五代十国末年，高僧福居，特邀18家著名武术家，到少林寺演练3年，传授拳法。明代抗倭名将俞大猷，也曾到少林寺传授棍术。少林寺僧，通过博采百家精华，发展了少林武功。

明代以来，少林寺的演武之风更是极其兴盛。少林功夫就这样一代一代绵延至今。

据史籍记载，达摩初祖在少林寺传法慧可之后，即到熊耳山下的空厢寺传法5年，于公元536年圆寂。众僧徒悲痛至极，依佛礼将初祖大师葬于空厢寺内，并修建了达摩灵塔和达摩殿。梁武帝萧衍亲自撰写了"南朝菩提达摩大师颂并序"的碑文，以示对达摩大师创立禅宗的纪念。

后来，人们为了纪念菩提达摩，在位于嵩山少室山五乳峰下的小土丘上，距少林寺1.3千米处，又修建了一座初祖庵。因为达摩在世时

空厢寺 位于陕县西李村乡的熊耳山下，据清朝和民国的《陕州志》记载，佛教从东汉永平年间，也就是公元58年至75年，传入陕州时，修建了空厢寺，距今已1900多年，是与中国第一古刹白马寺同一时期的佛门圣地。

■ 少林寺药房

单檐悬山式 屋面有前后两坡，而且两山屋有一面房檐悬于山墙或山面屋架之外的建筑，称为单檐悬山式建筑。悬山建筑梢间的檩木不是包砌在山墙之内，而是挑出山墙之外，挑出的部分称为"出梢"。

常游化于嵩山和洛阳之间，修禅的主要方式是面壁静坐，所以此庵又称作"达摩面壁之庵"。

据历史书籍记载，少林寺的初祖庵修建于1125年，至今仍然保持着初建时的面貌。

据说，在此庵修好后，人们还在初祖庵旁修建了一座"面壁之塔"，但在后来均毁于兵火。至今寺内仅存有一面"面壁之塔"的石额作为当年的历史依据。另外，在少林寺内还有当时的古碑40余通。

现在少林寺的初祖庵是新中国成立后，在明代重建的基础上重新整修的。经过重修后的初祖庵，新建围墙，恢复了完整的院落，庵中建筑有山门、大殿、面壁亭、千佛阁等。

■ 少林寺内古柏

初祖庵山门又称三门、迦蓝祠。山门面阔三间，进深两间，通高6.9米，为单檐悬山式建筑。在山门内、大殿前的甬道东侧有参天古柏一棵，传说是少林禅宗六祖慧能从广东带回亲手种植的。

初祖庵大殿又名初祖殿，在山门后的中轴线上。大殿面阔三间，进深三间，大殿全部用八角石柱承重。初祖殿门有砖雕对联：

在西天二十八祖；
过东土初开少林。

初祖庵大殿是河南尚存最早木结构建筑之一，殿内雕刻和造像都是创建时所刻，是少林寺石刻中的珍品，也是我国石刻艺术的宝库之一，具有重要的建筑价值和艺术价值。

初祖庵面壁亭建于清代，位于大殿之后的台地上甬道两旁，两座形制相同，亭子呈方形，是砖木结构。初祖庵内的千佛阁为明代初祖庵住持福元创建。内供达摩，并供观音菩萨像。

此阁殿房四周有石刻40多方，其中比较著名的有：宋代诗人黄庭坚的《达摩颂》；宋代书法名家蔡卞的《达摩面壁之庵》；明代刻碑《达摩面壁图》及明成化年间梵文《陀罗尼经》等。

祖庵山三面都靠着深沟，背部依靠着五乳峰，建筑群虽然不算大，却给人以深刻印象。

1996年，国务院公布初祖庵为第四批全国重点文物保护单位。

少林寺内初祖达摩塑像

阅读链接

在《少林寺志》上还有少林拳术源于跋陀的记载，跋陀的两位弟子慧光和僧稠，能力拔千钧，武功都十分高强，其中少不得有他的点拨。

他凭借在五乳峰上自创的若干拳法，达摩祖师也有着将少林功夫引入套路、推波助澜的功劳，在一种功夫的草创时期，这种功劳的意义并不亚于跋陀弟子们的首创。

福居相邀高手汇集少林拳

我国有句俗话叫作"天下武功出少林",但是,你知道吗,这并不意味着少林寺武僧们闭门练功,功夫只"出"不"入"。

据《少林拳谱》记载:

北宋建隆元年,少林寺方丈大和尚福居,德高望重,佛武医文皆通,名扬天涯海角,为增众僧武功,邀请十八家高手汇集少室,一则授艺于僧,一则各演其技,择优互学,取长补短。

宋太祖赵匡胤

由此可以知道,在宋朝初年,少林寺方丈大和尚福居曾经邀请各地武林高手18家到少林寺内献艺,演练了整整3年,各路好手都在这里将自己的看家本

事亮了出来,相互切磋,取长补短。福居和尚扬各家之长,最后汇编成了《少林拳谱》。

这段时间里,少林寺实际上成了全国的会武之地,具体比武的情景史籍中并没有记载,但想必当时一定是盛况空前,备受朝廷和武林瞩目。

能够邀请到天下18家高手到少林寺演武3年,福居和尚之德高望重自不用说了,少林寺这块武林圣地的招牌想必也是十分过硬的。从记载中可以看出,福居和尚所做这件事情十分有益于当时各路武功的共同进步。

武会过后,福居和尚在拳谱的首页概括出了18家高手之长,其中位居首位的便是我国北宋王朝的建立者宋太祖赵匡胤。

据说,赵匡胤是有名的马上皇帝,武功十分高强,但他是否真的参加过福居和尚的比武邀请呢?曾经有两种说法。

一种是《少林拳谱手抄本》中说,历代祖师都说宋太祖也来过少林寺,还调遣诸州名将轮番来嵩山,一来给武僧传授武艺,二来也能取少林武术之长,名将高怀德、高怀亮等人都几次到少林寺会武。

而另一本《北拳汇编》中却说：赵匡胤武功高强，手中有本拳谱，但他从来不给别人看。一天，他和群臣一起喝酒，不知不觉饮到醉处，竟然将自己武功和拳谱的奥秘都说了出来。醒后，赵匡胤非常后悔，但又碍于面子，不好意思再将拳谱藏起来，就将这本书放在了少林寺。

宋太祖对少林寺的关爱，使少林武功在宋朝初年快速发展，形成了170多套拳术，同时，各种兵器武艺也传入少林寺，如杨家枪、罗家枪、梅花枪、九节鞭等。

当然，正是由于他对少林武术的弘扬和发展有一定的贡献，在后来他也得到了相应的回报。北宋末年，金兵南下，占领了潼关，河南尹范致虚曾征少林寺武僧宗印，宗印把少林武僧分为"尊胜队"和"净胜队"，赴潼关与金兵对垒，战绩卓著。

在这一时期，方丈福居在整理拳谱的同时，还组织了僧人们再次重修了寺院，让少林寺重修焕然一新，吸引了更多的僧人和俗家弟子前来学艺。据记载，这期间少林寺拥有土地1.4万多亩，寺基540亩，楼台殿阁5000余间，僧徒达2000多人，甚为兴盛。

阅读链接

据说，宋代的许多历史名人都与少林武功有关系，除了宋太祖赵匡胤和他手下的几员大将，相传岳飞和梁山好汉也曾学得了不少少林功夫。

梁山好汉中的打虎英雄武松，在上景阳冈之前曾在少林寺内学武8年，最擅长扑虎拳和罗汉十八掌，对《易筋经》也有所涉猎，并且他最后下山，也是依照少林寺的规矩，一路打出山门去的。师父见他勇力过人，还曾告诫他下山后不要惹是生非，要过安稳日子。

康熙御题山门金字匾额

到了清代，少林寺开始出现老化的趋势。传说少林寺曾被清朝纵火焚烧，但事实上，在康熙、雍正、乾隆三朝，少林寺并未被焚，反之这些清朝皇帝，还敕修这座千年名刹，现存的少林寺建筑物，都是明清以后重修的。

目前的少林寺山门，就是1735年奉敕创建的。山门上方长方形黑金字的"少林寺"横匾，就是清朝康熙皇帝亲笔书写，匾正中上方还刻有"康熙御笔之宝"6字印玺。

据说，关于康熙皇帝御赐这个匾额时，还有一段神秘的故事呢！

■ 康熙皇帝 爱新觉罗·玄烨（1654年—1722年），清朝入关后第二位皇帝。他8岁登基，在位61年，是我国历史上在位时间最长的皇帝。他是我国统一的多民族国家的捍卫者，奠定了清朝兴盛的根基，开创出康乾盛世的局面。

■ 少林寺金字牌匾

那时候，少林寺山门的重建刚刚完毕，唯有山门上的匾额一直空着，少林寺方丈敬斋大和尚，为了这块匾额，曾兴师动众，想让朝廷题写，但效果不佳。

1704年的一天，京都传来圣旨，说康熙帝要出游中岳，闻知皇上要驾临少林，方丈敬斋大和尚认为这是双喜临门的事：一来给少林寺增辉添彩；二来乘机请皇上为少林寺书写匾额。可是，怎样才能让皇上题写这块匾额呢？为此，敬斋坐禅9日，定中生慧，计上心来。

那天，康熙大帝在文武百官及御林军陪护下，浩浩荡荡来到了少林寺山门，敬斋大和尚率领全寺僧众正在山门前迎接。康熙大帝看到雄伟的少林寺山门斗拱层叠，庄重有气势，点头称赞。

但又见山门上匾额高悬，只是空白一块，不禁摇头，好奇地问道："大和尚，山门新建，巍峨壮观，

坐禅 音译"禅那"，简称"禅"，意思即闭目端坐，凝志静修。是佛教修持的主要方法之一。坐禅的功用是能让坐禅的人头脑清晰、思维有序、行动专一。

为何悬着一块空的匾额？"

敬斋大和尚见皇帝示问，喜上眉梢，向前合掌对康熙说道："为迎万岁驾到，全僧将原有自题的一块匾扯了下来，现正有寺内一老一小俩和尚书写，请万岁指示。"

说着，敬斋大和尚挥手让众僧迅速散开，从众人身显现出一老一小两个和尚正在山门前的地上，铺纸写着"少林寺"。这一老一小和尚，一个拿着小扫把似的粗笔，一个拿着写小字毛笔，写得满头大汗，那"少林寺"3个字被写得歪歪扭扭，大字如斗，小字如蚁，纸张一片。

康熙大帝上前一看禁不住大笑着说："这哪里是写字！"

敬斋大和尚看时机已到，率僧众齐声高呼："请万岁御赐！"

康熙大帝听到众僧齐声请求，见不可推辞，他从容地拿起笔来，就在山门前，挥笔题写了"少林寺"3个大字。至此，这3个字高悬山门直到今天。

御林军 亦称"羽林军"，顾名思义，是在我国古代护卫皇帝、皇家、皇城的特殊军队。在封建社会，皇帝的旨意称为"御旨"，皇帝的印鉴称为"御玺"，护卫皇帝的军队也就成了"御林军"。始于汉武帝刘彻，此后，历朝历代的御林军多有变化，隶属系统、机构统领、职能权力和地位都不一样。

阅读链接

需要说明的是，目前少林寺的横匾，字虽是御笔，但匾的形式却与当时不同，据说山门曾失火被焚，横匾亦被焚去一角，"少"字是后来一个书法家补上的。

少林寺山门外的八字墙东西两边互相对称有两座石坊，东石坊外横额："祖源谛本"4字，内横额"跋陀开创"；西边的石坊内横额："大乘胜地"，外横额："嵩少禅林"。

经过重建的少林寺风采

少林寺自从西域僧人跋陀建寺以来,历经1500多年,共遭遇了4次大的劫难。

第一次是南北朝时期北周武帝宇文邕时期的"周武灭法"事件。

第二次是隋炀帝大业年间,天下大乱,少林寺因为香火旺盛、寺产丰厚,而为各地起义军所垂涎。混战中,殿宇被烧,玉石俱焚。

在少林寺网站的寺院历史大事记中,列有这样一条:

■ 北周武帝 宇文邕(543年—578年),鲜卑族,南北朝时期北周皇帝。公元560年至578年在位。公元577年,周武帝一怒之下,下令将佛道两教一并废除,强令全国200多万僧人、道士一律还俗,将寺庙和塔观都分给王公贵族,财产则散给臣下,这就是历史上著名的"周武灭法",也称"北周武帝灭佛"。

大业十四年，天下大乱。少林寺为山贼所劫，塔院被焚，灵塔尚存。

后人研究北魏时期少林寺平面布局时，也认为在今天少林寺的西塔院一带，原来建有埋葬跋陀的"遗身定塔"，隋代大业末年之后，唐人的少林寺碑上也记载：

大业之末，此寺为山贼所劫，僧徒拒贼，遂纵火焚塔院，院中众宇，倏焉同灭。

■ 少林寺内古碑

从记载来看，这把火是乱世之中的"贼"所放，所造成的后果十分明显，不过这"贼"的身份却很难分辨。有人说就是打家劫舍的山贼，也有人说，这贼就是王世充，当时他出兵抢劫了拥有不少土地的少林寺，受到了少林武僧的沉重打击，王世充就生出毒计，放起火来，将寺内殿宇烧毁大半，也正是如此，13棍僧才愤而营救李世民，打败了王世充。

大业之火究竟由谁而引现在不得而知，但李世民当上皇帝以后，很快帮助少林寺重建了寺院，抹去了这场火灾所造成的创伤。

第三次是唐武宗李炎时期的"会昌法难"。

第四次是1928年的军阀混战。当时，北伐战争

> **军阀混战** 袁世凯复辟遭到人民反对，1916年袁世凯死后，北洋军阀群龙无首，在帝国主义的支持下形成许多大大小小的军阀，其中主要有直系军阀、皖西军阀和奉系军阀等，相互之间为争夺地盘和中央领导权展开斗争，形成我国近代军阀混战的局面。

少林寺雕像

已经开始,军阀混战尚未结束。这年春天,军阀一把大火点燃了法堂。第二天,又将天王殿、大雄殿、紧那罗殿、六祖殿、阎王殿、龙王殿、钟鼓楼、香积厨、库房、东西禅堂、御座房等殿宇统统悉数付之一炬。

一时间,少林寺内火光冲天,浓烟滚滚,四处躲藏的僧众们在山野中遥望寺院惨状,又不能前去营救,无不悲恸欲绝。军阀的部队离开少林寺之后,全寺僧众急忙回寺灭火抢救,才算保住了千佛殿、达摩亭、方丈堂、山门以及地藏殿、白衣殿等殿宇。

除了殿宇,这次大火毁坏掉的少林珍宝不计其数,包括寺内被皇封的"五品树祖"、经卷、《少林寺志》木刻版、魏齐造像碑、达摩面壁影石等无一幸免。这次大火是自隋唐以来少林寺所遭受的最惨重的一次浩劫,在新中国成立前的岁月里,由于战争频繁,民生凋敝,少林寺仅仅能够维持山门。

但少林寺这座千年古刹的顽强生命力毕竟不是一天两天磨炼出来的。新中国成立后,少林寺重新获得发展的契机。

新中国成立后,党和政府拨出专款,对少林寺进行了全面整修,重现了往日的辉煌和兴盛。

1983年,少林寺被列为全国重点寺院。此后,香火极旺。

重修后的少林寺形成了以主体建筑为主的常住院,以主要古塔建筑群为主的塔林,以纪念达摩为主的初祖庵,以纪念慧可禅师的二祖庵,以及达摩洞等。

常住院是住持和尚和执事僧进行拜佛、坐禅、诵经、接待、藏书、开展大型法事活动的地方，也是主持和尚及各方执事僧居住、办理日常事务的地方。

重修后的常住院宽为七进建筑，从山门依次是山门、天王殿、大雄宝殿、法堂、方丈室、立雪亭、千佛殿七进院落。

常住院的第一进建筑山门是少林寺的大门，创建于1735年，1974年按旧制重修。它是一座单檐歇山式建筑，面阔三间，前墙有等距的两个圆窗，门前用青石砌成17级台阶，呈垂带式。

一进山门，便见弥勒佛供于佛龛之中，神龛后面立有韦陀的木雕像，神棒在握，是少林寺的护院神。

在山门和天王殿之间，有一条长长的甬道，道路两旁就是苍松翠柏掩映下的碑林。这里共有20通历代石碑，在道路东侧有一长廊，廊内陈列有从唐代至清代的名碑100多通，有碑廊之称。

常住院的第二进建筑天王殿位于碑林的尽头，以供奉象征"风、调、雨、顺"的四大天王而得名。该殿红墙绿瓦，斗拱彩绘，门内隔屏前左右各有一尊金刚塑像。

常住院的第三进建筑大雄宝殿是少林寺佛事活动的中心场所，它与天王殿、藏经阁并称为三大佛殿。原建筑毁于1928年兵

七进建筑 我国的寺庙从大门一直到最后的佛堂一共有七进，称之为七堂，这七堂其实就是7个院落。七堂代表山门、天王殿、大雄宝殿、后殿、法堂、罗汉堂、观音殿，在两边有寮房（是僧侣居住的地方）。

四合院式长廊

麒麟 亦作"骐麟",其外形像鹿,头上独角,全身有鳞甲,尾像牛尾。是我国古籍中记载的一种动物,与凤、龟、龙共称为"四灵",是神的坐骑,古人把麒麟当作仁兽、瑞兽。常用来比喻杰出的人。麒麟文化是中国传统民俗文化。盼麒麟送子,就是我国古代的生育崇拜之一。

火,1986年重建。

大雄宝殿是面阔五间的重檐歇山式建筑,殿内供奉三世佛:释迦牟尼佛、药师佛、阿弥陀佛等的佛像,殿堂正中悬挂康熙皇帝御笔亲书的"宝树芳莲"4个大字,屏墙后壁有观音塑像,两侧塑有十八罗汉像。整个建筑结构合理,雄伟壮观,气宇轩昂。

少林寺大雄宝殿与其他寺院大雄宝殿的不同之处在于这里的三世佛左右各塑有站像达摩祖师和被称为少林寺棍术创始人的紧那罗王。

另外,在该殿中间有两根大柱下还有麒麟雕像,预示了禅宗佛教是完全汉化的中国式的佛教。

大雄宝殿前两侧的建筑为少林寺的钟、鼓二楼遗址,东南为钟楼,西南为鼓楼,两座楼均有4层,造型巧妙,巍峨雄伟,是我国建筑史上的珍品。

■ 少林寺碑林

钟楼和鼓楼的原建筑毁于1928年。后来在1994年和1996年，当地政府按照两楼原先的样子重新修建，沉寂近70年的晨钟暮鼓，又重新在中原大地回荡。

钟楼前便是立于公元728年的嵩岳少林寺碑，也称为"李世民碑"。

■ 少林寺天王殿

李世民碑的北边是小山禅师行实碑，记述了少林寺曹洞宗第二十四代传法禅师的经历和重振少林禅宗的功德。它的背面是混元三教九流图赞碑，上面刻有佛、道、儒三教混元图像，此碑反映了嵩山是佛、道、儒三教荟萃之地，体现了三教合流的重要思想。

大雄宝殿东侧的殿宇是紧那罗殿，创建于元代，重建于1982年，内塑的紧那罗王是少林寺特有的护法神。这里展示紧那罗王的报身、法身、应身3种不同的形象。

相传1351年，红巾军围攻少林寺时，突然有一烧火僧显圣，立于二山头上，身高10丈，自称紧那罗王，红巾军见状遁去。

紧那罗王遂被少林寺尊为护法神。明代对此大加宣扬，并刻碑记述此故事。今寺中即有一通明"徽府施造"的紧那罗王画像碑，上部二像为"妙法紧那罗王""护法紧那罗王"，下部刻像为"持法紧那罗王"和"大法紧那罗王"。

红巾军 又称作红军，是元朝末年起来反抗元朝的主要起事力量，最初是与明教、弥勒教、白莲教等民间宗教结合所发动的，因打红旗，头扎红巾，故称作"红巾"或"红军"，又因焚香聚众，又被称作"香军"。

该殿于明、清两代多有维修，1928年毁于兵火。现建筑是1982年在原址上重建的，为面阔三间、进深三间的硬山式建筑。殿内紧那罗王像，皆为建殿之后重塑。

大雄宝殿西侧与紧那罗殿相对的是六祖堂，寺碑多称该殿创建于明代。但据1936年我国营造学社刘敦桢等人，在少林寺调查时发现的六祖殿前檐八角石上镌刻的一段铭文可知，该殿创建于1206年。

从殿毁前保存的照片看，原殿内中部有佛台与佛龛，中塑3像，观音居龛中，两侧龛内塑达摩与慧可像。该殿于明清之际多有维修，1928年毁于兵火。

现在的六祖堂是1983年按原址复原设计并重建的，面阔三间，进深三间，为出前廊单檐硬山式建筑。殿内塑像为殿重建以后所置。殿内正面供奉的是五尊玉雕像：大势至菩萨、文殊菩萨、观音菩萨、普贤菩萨和地藏菩萨。五大菩萨背面是大型彩泥雕"达摩只履西归图"。

两山墙下塑初祖达摩、二祖慧可、三祖僧璨、四祖道信、五祖弘

大雄宝殿内佛像

忍、六祖慧能像。另外，西墙下又塑达摩只履西归像一尊。

常住院的第四进建筑法堂是寺院讲经说法藏经的场所。1735年，清朝皇帝敕修少林寺时，原藏经阁藏经移贮法堂，故法堂又称"藏经阁"。

法堂的原建筑毁于1928年，当时军阀石友三纵火少林寺时，法堂及其贮藏，全都被毁。

1993年，法堂按旧制重修。现在法堂殿内供有汉白玉卧佛，长7米，重16.5吨，法相庄严、祥和。东西两壁经柜，贮藏着《中华大藏经》《敦煌大藏经》《日本大正新修大藏经》《高丽大藏经》及佛教、少林武术等典籍。

藏经阁台下通道东侧有一口大铁锅，重650千克，据说是寺僧鼎盛时期炒菜用的。藏经阁前有一盘大石磨，是1564年所制，是以前寺僧用来磨面的工具，据说每天能磨小麦千余斤。藏经阁前碑刻很多，这是少林寺碑多、塔多、壁画多"三多"特色之一。

常住院的第五进建筑是方丈室。室内正中置1995年少林寺建寺1500周年时信徒赠送的鸡血石"佛祖讲法"浮雕，北壁内侧置少林寺传代世系谱。

室内另有1980年日本所赠的达摩铜像，东侧立有弥勒佛铜像。墙上挂着一幅《达摩一苇渡江图》。

少林寺方丈室正西为方丈退居，坐北向南，面阔

■ 少林寺铁钟

硬山式建筑 硬山是我国古代建筑中的一种形式。屋面仅有前后两坡，左右两侧山墙与屋面相交，并将檩木梁全部封砌在山墙内的建筑叫硬山建筑。

紧那罗王 又名"乐天"，意为"音乐天""歌神"，是佛教天神"天龙八部"之一。因其头上长角又被称之为"人非人"。此外紧那罗还有男女之分，男性长一马头，女性相貌端庄。

藏经阁里的经书

3间，出前廊，为硬山式建筑。方丈退居是离任后的方丈住所。退居室前有对联：

少室山下禅林静；
五乳峰前钟磬悠。

常住院的第六进建筑立雪亭建于明代，1980年重新修缮。立雪亭东侧是文殊殿，西侧是普贤殿。

文殊殿1928年被焚毁，1983年重建。殿内供有文殊菩萨，座下骑青狮，左右塑二童子像。

立雪亭西侧的普贤殿面阔三间，殿内供奉着普贤菩萨像。殿内北壁供有阿弥陀佛玉雕像，明代刻琢，工艺精美。此像过去长期存放于千佛殿，1986年移至文殊殿，1996年移至此殿。

常住院的第七进建筑千佛殿位于立雪亭后面，又名毗卢殿或西方圣人殿。千佛殿是明末重建，佛龛中供奉明代铸造的毗卢佛铜像。殿东、西、北墙上有大型彩色壁画五百罗汉。壁画高7米,面积330平方米,其规模之大为全国同类壁画中所罕见。

千佛殿的东壁是明代雕刻的阿弥陀佛玉石像。殿内地面上有48个排列成深20厘米的陷坑,据说是少林武僧练拳习武的脚坑遗址。

千佛殿的西厢是地藏殿,东厢是白衣殿。

地藏殿创建于清初,因很多年没有维修,以致后来顶部坍塌,现在的顶部是1979年重新修建的。

地藏菩萨为佛教四大菩萨之一,又叫大愿地藏王菩萨。地藏殿殿内南北墙下原塑有十殿阎罗像,但现在均已被毁。殿内墙上原有壁画,也已经脱落。

地藏殿内正面及南北两侧墙面新嵌了玉雕壁画。正面壁画高2.5米,宽25米,是根据《阿弥陀经》经文创作的。

正中为阿弥陀佛,其左侧为观世音菩萨,右侧为大势至菩萨,合称"西方三圣"。壁画描述众弟子听阿弥陀佛讲经的祥和场景。

殿南北两侧壁画高2.5米,宽6米,均为地藏王菩萨讲经内容。南侧是根据《地藏菩萨本愿经》创作的,北侧是根据《阎罗王众赞叹品》创作的,南北两侧正中均雕有地藏王及左右一老一少二侍者,即闵公

法堂内的汉白玉卧佛

和道明像。

地藏殿玉雕选材精良、雕工细腻、人物表情丰富、栩栩如生，是不可多得的艺术珍品。千佛殿东厢的白衣殿也叫观音殿，里面供奉着白衣观音铜像一尊。

白衣殿内三面墙上绘有与少林拳有关的彩色壁画，均系晚清所制。北面和南面绘的是众僧徒手和持械练拳习武的动作，所以这座观音殿也称拳谱殿或锤谱堂，北面山墙上绘着湛举和尚在殿前指导僧徒拳赛的情景。

后壁北端两间绘有十三棍僧救驾唐王与活捉郑将王仁则的传统故事。神罩两侧绘制的是《降龙伏虎图》，东北和东南壁角是文殊骑青狮和普贤骑白象等。

此外，少林寺常住院还有斋堂、僧舍、禅堂、练功房等进行过重修。当然，少林寺除了上面介绍的常住院外，还有著名的塔林、初祖庵、二祖庵和达摩洞，在新中国以后也对其进行了一定的重修。

2010年联合国教科文组织第三十四届世界遗产大会将包括少林寺在内的登封"天地之中"历史建筑群列入《世界遗产名录》。这些称号，将让少林寺的明天更加美好！

阅读链接

少林寺院的千佛殿内，在方砖铺成的地面上，有48个深浅不一的锅样脚窝。这48个脚窝排列四行、前后左右间隔两米有余，非常匀称。最深的有50厘米。据说，这些脚窝是少林僧人练武踏成的。因为少林武术特别重视脚上功夫，俗称"南拳北腿"。进寺学武，必须先练三年腿功，站桩、蹲桩……

为此，少林师父教弟子，要求脚上的功夫特别严格。在千佛殿内练功，因受四壁和十二根屋柱的限制，活动的最大容量只有48个位置。经常固定地在这些位置上练习腿上功夫，久而久之，就自然而然地踏成了这48个脚窝。

江南第一刹 灵隐寺

灵隐寺，又名云林寺，始建于东晋咸和元年（326年），距今已有1670多年了。位于浙江省杭州市西湖西北面，在飞来峰与北高峰之间灵隐山麓中，两峰挟峙，林木耸秀，深山古寺，云烟万状，是一处古迹丰富、景色宜人的游览胜地，也是江南著名古刹之一。

慧理开山创建寺院雏形

公元326年，从印度来了一个和尚，名叫慧理，他从中原云游进入我国浙江的武林山，这里的武林山其实就是我国杭州西湖三面的群山。

■ 灵隐寺牌坊

■ 飞来峰石刻

慧理见这里很像印度的灵鹫山，惊讶地叹道："此乃中天竺国灵鹫山下的小峰，怎么会飞到此地来呢？佛祖如来在世时，灵鹫山多为仙灵所隐之地，看来这地方也将成为佛国佳境。"

慧理由此推测此地有仙灵隐藏。相传为了印证此峰确为天竺飞来，慧理告诉当地的人们说："这飞来的山峰里向来住有两只猿猴，一黑一白。如果这山确系飞来，那么黑白二猿也一定会相随而来。"

说完，他来到山脚的洞口，俯身朝洞内呼唤。果然，随着他的喊声，有一只黑猿和一只白猿从洞中奔跃而出。大家这才相信他的话，把这个洞称为"呼猿洞"，把这座山峰称之为"呼猿峰"。

后来，慧理在此山峰下的正对面卓锡建寺，寺名灵隐，取"仙灵所隐"之意，并将这座山峰称作"飞来峰"。

法门 即佛法、教法。佛教用语，原指修行者入道的门径，今泛指修德、治学或做事的途径。古称南门为法门。另指有别于儒、道、释三教之外，以法理为本的教派，由法门教祖殷末箫一手创建，在武林中位居超然地位，受理武林大小派门委托审理各项案件纷争，赏善惩恶，执法公正，四海之内无不敬服。

■ 灵隐寺理公塔

楼阁式塔 建筑形式来源于我国传统建筑中的楼阁。佛教传入我国后,为了适应我国的传统习惯,利用人们对多层楼阁通天的寄托,以楼阁形式作为礼佛的纪念性建筑物。楼阁式塔可供奉佛像,并可供僧人等登临之用。有的楼阁式塔还兼有军事瞭望的功用,如北京良乡的昊天塔。

这样,在这山清水秀、层峦叠嶂的地方就有了一座寺庙点缀其中,如诗如画。

这座寺庙地处杭州西湖以西,它造园的艺术,可归结为一个"隐"字。

一般寺院,前面往往比较开阔,以炫耀法门的气派。而灵隐寺却处在群峰环抱的山谷中,背靠雄伟的北高峰,面朝秀美的飞来峰,寺前一泓清泉流过,使人恍如置身于仙灵所隐之地。

为此,后来的宋朝诗人苏东坡,游灵隐之后,吟咏出"溪山处处皆可庐,最爱灵隐飞来孤"的诗句。

传说,慧理和尚建完灵隐寺以后,又在旁边的几座山峰上分别修建了灵山、灵峰、永福、下天竺等寺庙,但后来这些寺庙都毁掉了,仅剩下灵隐寺。

慧理和尚主持修建了几处寺庙后,终生在中国传播佛法,再也没有回到印度。

后来,人们为了纪念这位灵隐寺的开山之祖,便在慧理法师去世后,将他的骨灰埋于灵隐龙泓洞口之理公岩下,并在上面建立了一座佛塔,取名理公塔,又名灵鹫塔。

现存的理公塔重修于明代,是杭州现存唯一的明塔。

此塔是一座石结构的楼阁式塔，高8米余，六面七层，殊为罕见。全塔由下至上逐级收分，结构朴实无华，别具一格。

据史料记载：理公塔曾于明万历年间倒塌，当时的如通、被秽和尚与佛教信徒程理，又动工重建理公塔。

第一层中空，六面皆辟拱门，第二层的正南面镌有"理公之塔"碑记一方，东南面镌有明万历十六年（1588年）春"慧理大师塔铭"一方，西南面镌有"卢字大明神咒"碑记一方，第三层的每面也镌有碑记，第四至第七层的每面，或刻坐佛，或作门窗式样，塔顶装有葫芦形塔刹。

古朴沧桑的理公塔见证了一位印度高僧历经千山万水来到中国弘扬佛法的艰辛。

阅读链接

关于灵隐寺的来历还有另外一个传说：

相传，1400多年以前，在今天的秦岭湾门前，有一座笔架山，笔架山左侧，是块凤凰朝阳地。原先这里荆棘纵横，荒无人烟。

后来，有一吴姓僧人在山后住，打柴种地为生。一天，僧人在笔架山丛林打柴，因为天热，将道袍脱下，挂在树枝上，又去干活。忽然，一只大雁凌空而下，将袍叼走，向南飞去，至现在灵隐寺的地方落下。

吴僧望空向南一路追来，但见此处绿树森森，翠柳成荫。绿影婆娑间，一岭土坨南头北尾；前饮碧水绿荷，后交浮菱青湖；左右两侧隆起两扇翼状土丘，整个地貌有如巨鹰卧地。

吴僧人感悟为神灵指点，遂于此焚香祷告，搭棚立寺，故名"灵鹰寺"。

五代时期成为著名寺庙

五代时期吴越国王钱镠信奉佛教，始终奉行"信佛顺天"之旨，在位期间不仅广修庙宇塔寺，而且还大量印刷佛经，布施佛像，使得杭州城乡各地遍布寺院，寺与寺之间，梵音相闻，僧众云集。

而他对灵隐寺的建设也尤为关注，公元960年，钱镠亲自请来延寿禅师重兴灵隐寺。这个延寿禅师，是余杭人士，为净土宗六祖，在中国佛教史上占有非常重要的地位。

此时的灵隐寺，虽然经过了南北朝时期梁武帝萧衍的扩建，但是，后来的"周武灭法"和"会昌法难"，

■ 吴越国王钱镠（852年—932年），字具美，小字婆留，杭州临安人。五代吴越国创建者。唐末拥兵两浙，统十三州，封吴王、越王，兼淮南节度使，后自称吴越国王，在位25年。谥号武肃王，葬安国县衣锦乡茅山。

灵隐寺内飞来峰造像

让灵隐寺再次陷入冷落荒寂之中。

面对百废待兴的局面，延寿禅师苦心经营，设计新的寺院布局，除了完成山门、大殿等的重建，还拓建了500余间僧房。

960年，吴越忠懿王钱弘俶又在延寿禅师所建的灵隐寺基础上，继续扩建石幢两座。东建百尺弥勒阁，西有只园，并建9楼、18阁、72殿，屋宇1300余间，廊庑曲折萦回，自山门左右连接方丈，称寺为"灵隐新寺"。

据史书记载：

> 吴越国时，九厢四壁，诸县境内，一王所建，已盈八十八所，舍十四州悉数数之，不胜举目矣。

吴越寺庙"倍于九国"，扩建创建的寺院有史可据的就有200余所。在杭州的历史上，吴越时期，吴越王"以有土有民为主，不忍兴兵杀戮"，保境安民，休兵乐业，清明向上的"吴越之治"，使杭州成为东南地区的政治、经济、文化中心，更是佛教文化的中心。

到现在为止，灵隐寺内还留下了特别丰富的吴越时期摩崖石刻、佛像塑造和佛经雕刻，以及寺置园林、佛塔经幢等。

比如，在灵隐寺进门第一殿天王殿的殿前，左右各有石经幢一座，两经幢都有"天下兵马大元帅吴越国王建"题记。

这两座经幢皆建于公元969年，原系吴越国王家庙"奉先寺"遗物，后来，迎栅禅师移置于此，东幢高7.17米，西幢高11米，原为12层，现已残损，为多层八面形，下部3层须弥座。

■ 大殿左侧经幢

经幢也称石幢，是刻着佛名或经咒的石柱，是古代佛教标示物，作为镇邪祈福用。幢由幢顶、幢身、幢基组成。

西幢刻有《佛顶尊胜陀罗尼经》，故称"尊者塔"；东幢刻有《大自在陀罗尼咒》，故称"大自在塔"。幢身上部叠置华盖、腰檐、仰莲、伞盖、流云等，盘石上雕刻迦陵频伽，双手合十，背有翅膀，形象生动。

另外，在大雄宝殿前露台两侧分别立有两座石塔，据说，它们也是始建于五代或北宋初，为钱俶重

> **仙人** 即神仙，是我国本土的信仰。仙人信仰在我国早在道教产生之前就有了，后来被道教吸收，又被道教划分出了神仙、金仙、天仙、地仙、人仙等几个等级。远在佛教传入我国之前，我国本土就有了仙人的信仰。佛教传入我国之后，把古印度的外道修行人也翻译成了仙人。

建灵隐寺时而立,当时立塔4座,现在仅存大雄宝殿前东西两侧之双塔。

两石塔相距42米,均为八面九层楼阁式塔,高约12米,用石料雕刻砌筑而成,为仿木楼阁式塔,第一层边长0.97厘米,从底层开始至塔顶逐层递减,收分明显。每层的东、南、西、北四面辟壶门,线条和顺流畅,每层有柱子、栏额、斗拱、出檐、平座、脊饰上刻有仙人像,塔身下为一层须弥座,更下为九山八海基石,是典型的宋式建筑。

在灵隐寺前的飞来峰岩壁上,还有五代时期留下的石窟造像,最早的为后周广顺元年(951年)镌刻于飞来峰青林洞外的弥勒、观音、势至三佛像,人称"西方三圣"。最为精致的为北宋乾兴元年(1022年)刻于飞来峰金光洞口的卢舍那佛会浮雕,最为生动的有刻于飞来峰玉乳洞宋代的弥勒讲经一铺群像主尊与八罗汉,以及龙泓洞口宋代的两组浮雕:一为《唐

雕刻 对雕、刻、塑三种创制方法的总称。指用各种可塑、可雕、可刻的硬质材料创造出具有一定空间的具有可视、可触的艺术形象,借以反映社会生活、表达艺术家的审美感受、审美情感和审美理想的艺术。历史悠久、技艺精湛的各种雕塑工艺,如牙雕、玉雕、木雕、石雕、泥雕、面雕、竹刻、骨刻、刻砚等,是我国工艺美术中一项珍贵的艺术遗产。

■ 寺内石塔之一

■ 弥勒讲经造像

僧取经》，一为《白马驮经》，旁刻第一批来中国的天竺高僧摄摩腾、竺法兰名号，这些浮雕均十分传神，可惜有的遭人为破坏已断肢残缺。

经过吴越扩建后的灵隐寺，学佛习禅之人日渐增多，佛门禅坛的诗词文章层出不穷。灵隐寺再一次佛光重现，一时间僧众达3000之多，常有异邦僧侣前来取经。

在这一期间，苏东坡《游灵隐寺》一诗中有"高堂会食罗千夫，撞钟击鼓喧朝晡"之句，可以想象出灵隐寺当时的盛况。灵隐寺的发展不仅香火日盛，而且在规模上也达到了空前程度，成为一座规模宏大的著名寺庙。

阅读链接

相传，吴越国王钱镠在当国王前非常贫寒，但他非常信奉道教，后来，他遇到高僧法济，法济对他说："他日成霸吴越，当须护持佛法"，并劝他："好自爱，他日贵极，当以佛法为主。"

钱镠对法济禅师十分尊重，每次一见到他，钱镠必对其跪拜，檀施丰厚，异于常数。法济圆寂时，钱镠亲自撰写赞词并亲执丧礼，追谥为"建初兴国大师"。钱镠在临终时还告诫他的儿子："吾昔自径山法济示吾霸业，自此发迹，建国立功，故吾常厚顾此山焉！他日汝等无废吾志。"

于是，钱氏三代五王始终奉行"信佛顺天"之旨，使得杭州城乡，遍布寺院。

康熙皇帝改名"云林禅寺"

去灵隐寺观光,你会发现,在灵隐寺的第一殿天王殿的殿门正上方挂有上下两个巨匾。上匾写着"云林禅寺"4个大字,下匾上写着"灵鹫飞来"。

天王殿上的匾额

> **谛晖法师** 1627年生于浙江湖州市吴兴金田地区，他在6岁成为孤儿后出家。游学至灵隐寺，拜具德和尚为师。当时具德和尚收有弟子5000多人，但谛晖最为出色。具德圆寂后，便由谛晖法师做了主持。

据说，这里的"云林禅寺"几个大字乃是我国清朝康熙皇帝亲笔所写。可是，你不禁会问：这里明明是灵隐寺，为什么这位康熙皇帝却要为它题名为"云林禅寺"呢？

这里还有一段故事呢！

据记载，清康熙二十八年（1689年），康熙帝南巡至灵隐寺，有一天早上，灵隐寺住持谛晖法师陪同康熙帝登上北高峰，只见灵隐寺笼罩在一片晨雾之中，忽隐忽现，一派云林漠漠的景色，非常美妙。

回到山下之后，谛晖法师便请康熙帝为寺院题字。

当时，康熙皇帝正在寺院的客房摆酒用膳，陪同在他身边的是杭州知府和钱塘县官等人。

谛晖法师见康熙皇帝和几位官员们心情很好，便悄悄跑过去找跟随康熙一道来此的杭州知府说道："大人老爷呀，我想求皇上给我们山寺题一块匾额，你看行不行呀？"

■ 晨雾中的灵隐寺

■ 寺内客房一角

这杭州知府听了,点点头说:"这是件好事啊,如果皇上能给灵隐寺题了匾额,连我杭州府也都沾了光啦!"

钱塘县官也在一旁悄悄说:"皇上这个时候酒兴正浓,你这时候去求他题匾,我看一定能答应。"

得到了两位大人的支持,老和尚心里便有了底,就壮壮胆子,走到康熙皇帝面前下跪叩头,言辞恳切地说道:"皇上呀,看在灵隐寺大菩萨的面上,替山寺题块匾额,也让我们沾沾陛下的光吧!"

这康熙皇帝平时本来就喜欢吟诗题字,老和尚这一请求,正中下怀,于是,他非常乐意地点了点头,吩咐手下人摆好纸笔,抓起笔"刷刷"几下,就写起一个歪歪斜斜的"雨"字。

此时的康熙皇帝,差不多快喝醉了,手腕有点发颤,落笔又太快了些。这个"雨"字竟占了大半张纸!灵隐寺的"灵"字,按老写法,在"雨"下面还

知府 官名。宋代至清代地方行政区域"府"的最高长官。唐代以建都之地为府,以府尹为行政长官。宋代升大郡为府,以朝臣充各府长官,称以某官知某府事,简称"知府"。明代以知府为正式官名,为府的行政长官,管辖所属州县。清代沿明制不改。知府又尊称太守、府尊,亦称黄堂。

大学士 又称内阁大学士、殿阁大学士等,明清时流行的中堂一称,一般是指大学士或首辅大学士。大学士一职乃唐中宗时期的首创,原职为协助皇帝批阅奏章、起草诏书等。后来一般指为辅助皇帝的高级秘书官。

有三个"口"和一个"巫"。现在只剩下这小半张纸的地方,这个字怎么也写不下了。重新写一个吧,皇帝就太没有面子了。

康熙皇帝一只手拿着笔,一只手不住地拈他那撮山羊胡须,可是自己也想不出什么好主意来。围在旁边的官儿们,明知道康熙皇帝下不了台,但是谁也不敢明说,只能默默站着,站在旁边干着急。

这时候,有个大学士名叫高江村的,想出了一个办法,他先在自己手掌心写了"云林"两个字,装作去磨墨的样子,挨近康熙皇帝身边,偷偷地朝着康熙皇帝摊开手掌,示意皇帝。

康熙皇帝一看,哎呀,这真是两个救命的字啊!于是酒也醒了一半,连忙写下了"云林禅寺"4个大字。写完,非常得意地把手一扬,将毛笔抛到一边。

老和尚过来看了一下,不对呀!"灵隐寺"怎么写成"云林禅寺"呢?他也不看看眼色,就结结巴巴地问:"我们这里叫作'灵隐寺',不叫'云林寺'

■ 灵隐寺飞来檐

呀！是不是皇上落笔错了？"

康熙皇帝听了，把眼睛一瞪，喝声："胡说！"老和尚这时候哪里还敢再开口，只好恭恭敬敬地立在旁边等着皇帝说话。

康熙皇帝这时候缓缓地问官员们："这地方天上有云，地下有林，你们说说，把它叫作'云林寺'怎么样？"

"妙呀，妙呀，皇上圣明！"

听官员们七嘴八舌地奉承他，康熙皇帝乐得开怀大笑，于是吩咐快把字做成匾雕起来。皇帝一句话一言九鼎，官员们立即开始张罗这件事情。

他们一面叫人将灵隐寺原来的匾额换下来，一面找来雕花匠，把康熙皇帝写的"云林禅寺"4个大字雕在红木匾上，贴金底，漆黑字，边上镶了二龙戏珠，当场挂到山门上。

从此以后，灵隐寺就挂着"云林禅寺"大匾额。但是，杭州的老百姓并不认可康熙皇帝一时兴起起的这个新名字，尽管"云林禅寺"这块匾额挂了300年，大家却仍然称呼这里为"灵隐寺"。

二龙戏珠 即两条龙相对，戏玩着一颗宝珠。是人们在建筑彩画、雕刻、服饰绣品等载体上常见的图案之一。《通雅》中有"龙珠在颌"的说法，龙珠被认为是一种宝珠，可避水火。有二龙戏珠也有群龙戏珠，还有云龙捧寿，都是表示吉祥安泰和祝颂平安与长寿之意。

阅读链接

据说，康熙帝在灵隐寺题字以后，还去过灵隐寺几次，并为其题诗，其中一首诗现在刻于天王殿前东侧的御碑亭上，诗文写道：

灵石西方鹫，飞来住发峨；名山观不少，此地比宁多。
法苑开龙象，清径淹蔚萝；诸天应栏护，御辇昔曾过。

清代宣统年间重修大雄宝殿

1910年，灵隐寺迎来了一次整修，这次修整的主持者是当时的寺院住持昔征。

当然，修建灵隐寺是一项很大的工程，单凭昔征一人的力量是无法重建的。这时，他得到了号称近代我国商业之父的盛宣怀的帮助。

盛宣怀的父亲盛康曾在杭州任官，据说，盛康任职期间经常去灵隐寺游玩，一来二去，便和寺内的住持交往很

■ 盛宣怀（1844年—1916年），出生于我国民族工商业发祥地常州，清末官员，官办商人，洋务派代表人物，著名的政治家、企业家和慈善家，被誉为"中国实业之父"和"中国商父"。盛宣怀创造了11项"中国第一"：第一个民用股份制企业轮船招商局；第一个电报局；第一个内河小火轮公司；第一家银行；第一条铁路干线京汉铁路；第一个钢铁联合企业汉冶萍公司；第一所大学北洋大学堂（天津大学）；第一所高等师范学堂南洋公学（上海交大等）；第一个斜矿公司；第一座公共图书馆；创办了中国红十字会。

■ 慈禧太后（1835年—1908年），满洲镶蓝旗，后抬入满洲镶黄旗，叶赫那拉氏，名杏贞。以皇太后身份垂帘听政或临朝称制，为自1861年至1908年间清王朝的实际统治者。

深。后来，盛宣怀便出资帮助昔征修整灵隐寺。

这时的灵隐寺早在太平军攻占杭州时，遭到了毁坏，仅存了天王殿和罗汉堂。自此之后，住持贯通法师又发动僧徒筹资修建了联灯阁、大寮和库房等房屋。

1908年，贯通法师圆寂后，昔征继任了住持。他在1910年主要重修了灵隐寺的第二大殿大雄宝殿，建筑中所使用的木材绝大部分都是用进口的美国俄勒冈州红松。

据说，这批红松原是淮军统帅李鸿章用以建海军军舰的木材，后来其中部分被慈禧太后用来修建北京颐和园，一部分运到杭州拱宸桥码头，转拨给灵隐寺建造大殿。

现在灵隐寺的大雄宝殿便是在当年的基础上重修的，因为在1949年时，原来大雄宝殿上的一根28米高的主梁被白蚁蛀空，导致大殿倒塌压毁佛像。为此，1953年重修时将大雄宝殿改为永久性的水泥建筑，而殿内的24根红松梁柱经过防潮、防蛀处理，用混凝土加固后，依然挺立在那里。

这大雄宝殿，原称"觉皇殿"，一般简称为"大

淮军 1861年，太平军向上海进军，上海守备清军不能抵抗，外援英军未到，上海地方官绅派代表向时任两江总督的曾国藩求援。曾国藩即命他的得力幕僚李鸿章招募淮勇，于1862年3月在安庆编成一军，称"淮勇"，又称"淮军"。

飞檐翼角 "飞檐"是在建筑的檐椽之上,再施用一层叫作"飞子"的构件,使得檐部的椽子实际为两层的屋檐形式。而"翼角"则发生在庑殿顶和歇山顶的转角处,由于使用了两层椽子,再加上构造上的原由,使得这一部分的形象与张扬的鸟翅十分相似,这种构造的处理方式是中国特有的建筑结构形式。

■ 比天安门略低的大雄宝殿

殿",它是寺院僧众早晚诵经共修的场所。

灵隐寺的大雄宝殿为仿唐建筑,它采用古代建筑单层三重歇山顶的传统手法,加上高高翘起的飞檐翼角,使庞大的屋顶显得轻盈活泼。

殿宇的瓦饰、窗花、斗拱、飞天浮雕以及天花板上的云龙绘图,均显示了中国古代高超的建筑水平。

此殿殿高33.6米,仅比天安门城楼低0.1米,其规模在国内佛教寺院中并不多见。在屋顶中央,饰有一颗闪耀的明珠,两侧写有"佛日增辉"4个大字。

屋檐下悬挂两块横匾,"妙庄严域"是著名书法家张宗祥所题,"大雄宝殿"是著名书法家原西泠印社社长沙孟海于1987年重书的。

大雄宝殿东、西两侧生长着一棵棵高大、茁壮的娑罗树,相传是在东晋咸和元年(326年),由创建灵隐寺的印度和尚慧理从家乡带来的娑罗籽栽培起来的。

大雄宝殿殿内正面为释迦牟尼莲花坐像。这尊佛像是1953年重修灵隐寺时，由中央美术学院邓白以唐代禅宗著名雕塑为蓝本构思设计，华东分院雕塑系教师和东阳木雕厂民间艺人合作创造的，用24块香樟木雕成。佛像高19.6米，加上须弥座石基总共24.8米，佛像全身两次贴金，共花去黄金86两之多。它是我国目前最大的香樟木雕坐像。

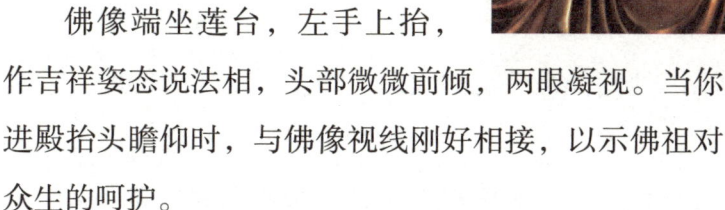
■ 殿内释迦牟尼佛的正面

佛像端坐莲台，左手上抬，作吉祥姿态说法相，头部微微前倾，两眼凝视。当你进殿抬头瞻仰时，与佛像视线刚好相接，以示佛祖对众生的呵护。

佛祖坐在莲台上，表示圣洁清芳，出淤泥而不染；佛祖螺状的头发为天蓝色，象征与天齐平；额眉间有个"白点"是佛祖三十二相之一，"白毫相间"表示吉祥如意；头部后面的镜称为"摩尼镜"，象征智慧和光明；佛顶上有一把状如撑开雨伞似的盖，叫天盖，又称"宝盖"。

大雄宝殿内两厢站立的是佛教护法神二十诸天，佛教把古代印度神话和其他宗教中的一些神也称为天，并将他们吸纳进来，视为佛教的护法神。

这些塑像各前倾15度，以示对佛的尊敬。他们是掌管日、月、星、地、水、风、雨、雷、电等的天

窗花 是贴在窗户纸上或窗户玻璃上的剪纸。在宋元时期逐渐流传，逐渐成形。窗花是民间剪纸中分布最广、数量最大、最为普及的品种。分为"南北风格"，南方以"精致"为美，其特点是玲珑剔透；北方以朴实生动为美，其特点是天真浑厚。

慈航普度 是佛家语言。佛家以慈悲为怀，所以"慈航"就是用慈善之心去引导，"普度"是不分什么人都要度。"度"字含有济度、转化之意。印度梵文是"波罗密多"，意思是到达彼岸。"慈航普度"亦即通过用慈悲之心，去引导人们，使大家能渡过生死苦海，达到快乐的彼岸。

五十三参 《华严经·入法界品》说：善财童子最初从文殊菩萨处发菩提心，次第南行，先后向菩萨、佛母、比丘、比丘尼、优婆塞、天神、地神、主夜神、王者、城主、长者、居士、童子、天女、童女、外道、婆罗门等53位善知识参访请教，并依教奉行，终于获证善果。

神。西侧第一尊是阎罗天子，传说是地狱的统治者。东侧第一尊是裟竭龙王，掌管海洋水利。

其他还有四大天王、日宫天子、月宫天子、鬼子母神、坚牢地神等，他们手执法器和兵器，是神通广大的象征。

殿后跏趺坐的是"十二圆觉"，意为"圆满的觉悟"，是密教崇奉的著名菩萨群体。佛教三经之一《圆觉经》说，12位菩萨向佛祖请问修行法门，佛说大乘圆觉清净境界修行法。

东面排列的是文殊、普眼、贤首、光音、弥勒、净音，西面排列的是：普贤、妙觉、善慧、善见、金刚藏、威音。

他们都是佛祖的大弟子，据说现在的佛经，就是他们根据释迦牟尼在世时的讲经说法和自己的见闻整理而成的。大雄宝殿有十二圆觉这样的布局，全国仅灵隐寺一座。

大雄宝殿的后壁有"慈航普度"殿，背壁是一组高20余米，有大小佛像150尊，气势恢宏的彩色海岛立体群塑。这些佛像全部用黏土而不掺一点水泥制作，佛像各个神态各异，栩栩如生，展现了佛教《华严经》中"慈航普度""五十三参"的故事。

这组群塑布局分上天、地、海3层，最下层为"海"，两侧为来南海朝拜的十八罗汉，正中脚踏鳌鱼、手持净瓶的就是大慈大悲的观世音菩萨。

观音菩萨右侧，有一尊双手合十，身穿红肚兜的孩童叫"善财童子"。善财，是"五十三参"中的第二十七参，遇到观音，得道后成为观音的侍从。

据佛经讲，善财童子是文殊菩萨曾住过的福城长者五百童子之一，善财出生时，有种种珍宝涌现，故名善财。善财看破红尘，发誓要修行成佛。

文殊菩萨路过福城，看出善财有佛缘，就指点他去南游100城，参访53位"善知识"，最后遇到普贤"即身成佛"。所以佛教建筑中的阶梯常铺为53级，比喻"五十三参，参参见佛"。而现在我们民间对善财理解为"招财童子"或祈祷童子投胎。

观音菩萨的左侧便是龙女，她和善财一起是观音菩萨的左右胁侍，民间所传说的"金童玉女"，指的就是他们两位。

群塑中间坐在麒麟上的金身像是地藏王菩萨，他曾是新罗国的王子金乔觉，削发为僧后到我国的九华山修行得道。

善知识 在《佛光大辞典》中的解释是，正直而又有德行，能教导正道之人。又可作知识、善友、亲友、胜友、善亲友。

龙女 是"二十诸天"中婆竭罗龙王的女儿，聪明伶俐，8岁时偶听文殊菩萨在龙宫说《法华经》，豁然觉悟，通达佛法以龙身成就佛道。

■ 观世音菩萨塑像

■ 大殿内经幡

地藏王菩萨 因其"安忍不动如大地，静虑深密如秘藏"，故名地藏。为佛教四大菩萨之一，与观音、文殊、普贤一起，深受世人敬仰。以其"久远劫来屡发弘愿"，故被尊称为大愿地藏王菩萨。

照佛法的说法，地藏受释迦牟尼的重托，在释迦牟尼寂灭而未来佛弥勒佛出世前的这段时间，担当起教化六道众生的重任。释迦牟尼又任命他做幽冥教主，就是管理阴间，地藏承担这个重任以后立下誓愿："地狱未空，誓不成佛！"意思就是直到地狱没有一个"罪鬼"受苦，自己才愿意成佛。

佛心朴直，善亦大焉。可惜六道轮回永无休止，地狱何时才能撤空？所以地藏菩萨也就永难成佛，我国佛教也把他作为四大菩萨之一。

最上层"三十三天"那尊形容枯槁、瘦骨嶙峋的佛像，展现的就是释迦牟尼成佛前在雪山茹苦修行的状态，又称"饿佛像"。他吃的是白猿献的果，喝的是麋鹿献的奶。这也许就是和尚只能吃素，但可以喝牛奶的缘由。

在这组群塑中，还有两位特别的人物。一位曾在灵隐寺出家的济公和尚，另一位是扫得宋朝奸臣秦桧失魂的疯僧道济。其中，济公和尚位于群塑的左上方，只见他侧着身手拿破扇子挡住了脸。

大雄宝殿的这组涌壁群塑是佛教艺术的上乘之作，充分体现了我国古代宗教艺术家们的神工巧技。

阅读链接

大雄宝殿后壁的群塑中，观音脚踏鳌鱼塑像有一个传说故事。据说，在人世间地下有鳌鱼，是海中之王，眼睛眨一眨，尾巴动一动，都有可能引起山崩海啸，洪水地震。

只有观音能镇住鳌鱼，独占鳌头。于是，驯服后的鳌鱼便成了观音的坐骑。

以中轴线为中心的灵隐全貌

北伐战争时期,军阀吴佩孚的下属徐图进,为了窃取千年古珍佛宝——灵隐寺第一代住持大师碧钵和尚坐化的一口古缸——生天堂,不惜放火烧毁了这座千年古刹。新中国成立后,灵隐古刹受到党和人民政府的关怀。1952年,浙江省政府成立了"杭州市灵隐寺大雄宝殿修复委员会",主持修复工作,改原来砖木结构为钢筋水泥结构。

灵隐寺建筑

■歇山顶药师殿

1954年,重新修建的大雄宝殿落成。1985年起,灵隐寺制订全面恢复寺院10年规划,将灵隐寺修建成一座寺外有照壁,寺内亭台楼阁齐全、殿堂寺宇齐配的佛教丛林,再现江南千年古刹雄姿。

现在,灵隐寺全寺建筑中轴线上依次为天王殿、大雄宝殿、药师殿、藏经楼和华严殿五大殿,此外,灵隐寺内还有钟楼、鼓楼、斋堂、客堂、方丈经堂、伽蓝殿、功德堂和念佛堂等附属建筑。整体建筑庄严静谧,更有名家题匾,器宇轩昂。

其中,灵隐寺内的药师殿是一座单层重檐歇山顶的大殿,它是1993年正式开光的,大殿上的匾额是原佛教协会主席赵朴初先生所书。

殿内台座上结跏趺坐的是东方净琉璃世界的药师佛,其面相慈善,仪态庄严。

药师佛左右分别是手托太阳象征光明的日光菩

匾额 是古建筑的必然组成部分,相当于古建筑的眼睛。匾额中的"匾"字古也作"扁"字。是悬挂于门屏上作装饰之用,反映建筑物名称和性质,表达人们义理、情感之类的文学艺术形式即为匾额。但也有一种说法认为,横着的叫匾,竖着的叫额。

萨和手托月亮象征清凉的月光菩萨，三者合称为"东方三圣"。大殿的左右两边是药师佛的十二弟子"药童"，又称"十二药叉大将"。

华严殿是灵隐寺的最高处，也是灵隐寺的最后一重殿。殿门上挂有我国全国人大常委会原委员长乔石的亲笔题字"华严殿"。殿门匾额上书有"华藏世界"4个大字。

华严殿里供放着华严三圣：当中圆满抱身佛像，即如来，微笑着俯视众生。佛祖右边是手执如意的大行普贤菩萨，左边手执莲花的是大智文殊菩萨。

三尊佛像都端坐在勾着金边的莲花宝座上，造型端庄凝重，气韵生动，极具风采。据记载：三者都是华严世界里的圣人，所以又称为"华严三圣"，华严殿即是依此而得名。

华严殿的东侧建有配置彩色灯光的"九龙吐水"大型水池。西侧有一塑像，这是日本"遣唐使"空

十二药叉大将

又称药师十二神将、十二神王，为药师如来的眷属。他们不仅顶盔挂甲，神态威武，而且会按12个时辰轮流值班，及时去拯救那些生病的信徒，保护众生。人们按照我国的习俗给他们配上了十二属相的图案，又分别成为了各个属相的保护神。

■ 华严殿内的华严三圣

> **遣唐使** 从7世纪初至9世纪末约两个半世纪里,日本为了学习中国文化,先后向唐朝派出10多次遣唐使团,这些使团的成员被称为"遣唐使"。唐朝时期的这些遣唐使对推动日本社会的发展和促进中日友好交流做出了巨大贡献,结出了丰硕的果实,成为我国中日文化交流的第一次高潮。

海,当年曾在灵隐寺修行,回国后创立了"真言宗",被人赐号"弘法大师"。

灵隐寺的五百罗汉堂自明代就有,后来毁废,清朝道光年间曾经重建并名噪一时,但于1936年秋天遭受火灾而再次毁灭。现今的罗汉堂是1998年重建的。重建后的五百罗汉堂系仿清建筑,飞檐翘角,气势雄伟,它是目前我国国内规模最大的罗汉堂。

灵隐图书馆是灵隐寺储藏历代所收集的书籍的场所,位于药师殿西面。灵隐寺藏书颇有传统,早在清朝道光年间,浙江巡抚、著名学者阮元在灵隐寺创建了"灵隐书藏",后来中断。新建的灵隐寺图书馆取名"云林图书馆",建于2003年,建立目的之一就是为了恢复"灵隐书藏"的功用。

2004年3月3日,失散77年的镇寺之宝"生天堂"古缸又重归灵隐寺。现在,灵隐寺香火兴旺,香客遍及大江南北。

阅读链接

关于五百罗汉的来历,在佛教中有多种说法:一是如《十诵律》中载,释迦在世时,常有五百弟子随侍听法传道。一是在释迦涅槃后,参加第一次结集或第四次结集的五百比丘。在《舍利弗问经》中说,弗沙秘多罗王毁灭佛法后,有五百罗汉重兴圣教。

我国佛教尊崇五百罗汉是从五代时开始的。在佛教中,罗汉所证的果次于佛和菩萨,因此地位也比他们低,他们住的地方只能叫"堂"而不能叫作"殿"的。